GOLDMANN
Lesen erleben

Buch

Unseren Vorfahren noch geläufig, wird das Wissen um die Einflüsse der Mondrhythmen auf unser Leben erst seit wenigen Jahren wiederentdeckt. Mit Hilfe des praktischen Jahrbuchs lässt sich dieses Wissen für den Alltag nutzen. Die Autoren machen Tag für Tag mit den Grundregeln für Gesundheit und Garten, Haushalt und Renovieren vertraut und benennen den richtigen Zeitpunkt für zahlreiche Tätigkeiten.

Autoren

Johanna Paungger wuchs in engster Vertrautheit mit den Mond- und Naturrhythmen auf. Ihr Großvater ließ sie teilhaben an seinem immensen Wissen um eine gesunde Lebensführung und Vitalität bis ins hohe Alter. Thomas Poppe, Autor und Übersetzer, beschäftigt sich seit vielen Jahren mit den Einflüssen der Mondrhythmen auf den Alltag. Gemeinsam schrieben sie die Longseller *Vom richtigen Zeitpunkt*, *Aus eigener Kraft* und *Alles erlaubt!*, die eine Renaissance des Gesundheitsbewusstseins einläuteten und unzählige praktische Tipps für den Lebensalltag bereitstellen. Darüber hinaus haben sie ein umfangreiches Kalenderprogramm entwickelt, das Tag für Tag die Erkenntnisse des Mondwissens praktisch umsetzt. Neben ausgedehnter Vortragstätigkeit im gesamten deutschsprachigen Raum betreiben die Autoren auch einen kleinen Versand mit selbst entwickelten und zum richtigen Zeitpunkt hergestellten Produkten.

Von Johanna Paungger und Thomas Poppe
außerdem erschienen:

Moon Power · Fragen an den Mond · Alles erlaubt! · Aus eigener Kraft · Fit zum richtigen Zeitpunkt – Die Mondgymnastik · Der lebendige Garten · Bauen mit dem Mond · Das Mondlexikon · Jahresübersichten 2022 – 2032 · Das Tiroler Zahlenrad · Lebenschance Tiroler Zahlenrad

Außerdem das umfassende Kalenderprogramm für »Das Mondjahr 2022«:

Abreißkalender · Taschenkalender · Taschenkalender, farbig · Foto-Wandkalender · Wochenkalender · Familienkalender · Wand-Spiralkalender · Streifenkalender · Zeit für mich · Gartenkalender· Garten-Streifenkalender · NEU: Garten-Abreißkalender

Johanna Paungger
Thomas Poppe

Das Mond-Jahrbuch 2022

GOLDMANN

Die Ratschläge in diesem Buch wurden von den Autoren und vom Verlag sorgfältig erwogen und geprüft, dennoch kann eine Garantie nicht übernommen werden. Eine Haftung der Autoren bzw. des Verlags und seiner Beauftragten für Personen-, Sach- und Vermögensschäden ist ausgeschlossen.

Wir haben uns bemüht, alle Rechteinhaber ausfindig zu machen, verlagsüblich zu nennen und zu honorieren. Sollte uns dies im Einzelfall aufgrund der schlechten Quellenlage bedauerlicherweise einmal nicht möglich gewesen sein, werden wir begründete Ansprüche selbstverständlich erfüllen.

Sollte diese Publikation Links auf Webseiten Dritter enthalten, so übernehmen wir für deren Inhalte keine Haftung, da wir uns diese nicht zu eigen machen, sondern lediglich auf deren Stand zum Zeitpunkt der Erstveröffentlichung verweisen.

Dieses Buch ist auch als E-Book erhältlich.

FSC www.fsc.org
MIX
Papier aus verantwortungsvollen Quellen
FSC® C014496

Penguin Random House Verlagsgruppe FSC® N001967

1. Auflage
Originalausgabe Mai 2021

in der Penguin Random House Verlagsgruppe GmbH,
Neumarkter Str. 28, 81673 München
Umschlaggestaltung: UNO Werbeagentur, München
Umschlagfoto: FinePic
Satz: Uhl + Massopust, Aalen
Druck und Bindung: GGP Media GmbH, Pößneck
CH · Herstellung: IH
Printed in Germany
ISBN 978-3-442-17924-4
www.goldmann-verlag.de

Besuchen Sie den Goldmann Verlag im Netz

Herzlich willkommen im neuen Jahr 2022!

Damit es Frieden in der Welt gibt,
müssen die Völker in Frieden leben.
Damit es Frieden zwischen den Völkern gibt,
dürfen sich die Städte nicht gegeneinander erheben.
Damit es Frieden in den Städten gibt,
müssen sich die Nachbarn verstehen.
Damit es Frieden zwischen Nachbarn gibt,
muss im eigenen Haus Frieden herrschen.
Damit im Haus Frieden herrscht,
muss man ihn im eigenen Herzen finden.
Lao Tse

Liebe Leserinnen und Leser,

Jahreswechsel, das neue Jahr – für die meisten von uns ist das Anlass und Inspiration, sich Gedanken über die Zukunft zu machen. Es sind Erwartungen, Befürchtungen, Hoffnungen, die ersten Schritte von Plänen, die uns dann meistens in bunter Folge durch den Kopf gehen. Natürlich auch die »guten Vorsätze«, die selten fehlen. Ideen umzusetzen, Pläne zu schmieden – das ist ein wichtiges Tun und gibt unserem Leben und Alltag Sinn. Wenn aber Zukunftsperspektiven im Nebel liegen oder gar fehlen, kann das an der Lebensfreude nagen und im schlimmsten Fall in eine Depression münden. Oft hört man dann den Satz: »In der heutigen hektischen und stressigen Zeit kein Wunder.« Die Wahrheit ist, dass es diese »heutige Zeit« immer gegeben hat. Zu jeder Zeit gab es Kriege, Hunger, Elend, Epidemie und Depression. Nur waren und sind sie auf der Welt immer wieder unterschiedlich verteilt und werden kaum wahrgenommen, wenn es uns selbst nicht betrifft. Die »Inseln der Seligen« sind auf Wanderschaft.

Was können wir selbst also tun? Unsere eigenen kleinen Schritte in eine gute Zukunft empfinden wir oft als den »Tropfen auf den heißen Stein« – also wirkungslos, denn »Was kann der Einzelne schon ausrichten?«. Vielleicht hilft es euch schon, wenn wir daran erinnern, was ein Schulmädchen ausgerichtet hat, das sich mit einem Pappschild auf die Treppen seiner Schule gesetzt hat, mit der Aufschrift »Schulstreik für das Klima«. Auch noch der kleinste Schritt hat eine Wirkung.

Das Jahr 2022 kommt dir mit den feurigen Energien der Zahl Zwei entgegen! Es eignet sich hervorragend, um sinnvolle Vorhaben und Ideen zu verwirklichen. Lauwarmes Geplapper hilft nichts, aber den Absichten klaren Ausdruck zu verleihen, bringt uns alle vorwärts. Das Jahr 2022 hat solche Energien im Gepäck. Zielgerichtetes Handeln führt eher zum Erfolg, und du findest auch Gehör.

Die Kehrseite der speziellen Färbung dieses Jahres besteht in Übertreibung und überschießender Energie »ohne Rücksicht auf Verluste«. Der Einsatz der Energien verlangt nach Weisheit und Umsicht. Größere Durchsetzungskraft kann immer auch von Streitigkeiten und Überreaktionen begleitet sein. Aber gut vorbereitet ist halb gewonnen.

Die Farbe Rot ist ein integrales Element dieses Jahres und sollte deshalb eher sparsam eingesetzt werden, damit es nicht zu Aggressionen kommt. Geduldiges Vorgehen und Abwarten gehören nicht gerade zu den Stärken dieses Jahres. Für 2022 sollte es unsere Aufgabe sein, diese Kräfte weise zu nutzen. Mit Liebe, Verständnis, Geduld und der nötigen Aufmerksamkeit können wir dieses Jahr viel erreichen. Reichen wir uns also symbolisch die Hände und nutzen die Kraft des Jahres, um zuversichtlich zu bleiben und Leidenschaft mit Vernunft zu kombinieren. Wir können es euch nicht oft genug sagen: Jeder Einzelne hat die Möglichkeit, furchtlos und mit Vernunft zu handeln. Das Jahr 2022 unterstützt uns dabei. Das Echte hat Zukunft.

Alles Liebe!

Eure Johanna Paungger und Thomas Poppe

Paungger & Poppe seit 1991 – Bücher, Kalender und vieles mehr …

Umweltschutz, Heilkunde, naturgemäßer Hausbau, giftfreier Betrieb von Gartenbau und Landwirtschaft und viele weitere Tätigkeitsfelder waren früher ohne das Wissen um die Mond- und Naturrhythmen gar nicht denkbar. Sich an dieses Wissen zu erinnern gehört zu den wichtigsten Aufgaben von morgen. Mit unseren Büchern versuchen wir, unseren LeserInnen zu ermöglichen, ganz neu einzusteigen und umzudenken, ohne jede Vorkenntnisse, was den Mondeinfluss betrifft. Versucht es einfach und lasst euch vom Ergebnis überzeugen.

- ***Moon Power*** (Mosaik Verlag). Das Buch enthält alles Wichtige zum Thema Einfluss von Mond- und Naturrhythmen, aufbauend auf den zusätzlichen Erfahrungen der letzten 20 Jahre im Gespräch mit vielen LeserInnen in aller Welt. Ein Buch, das ihr getrost als »Übersetzungshilfe« und kleinen Wegweiser euren Söhnen und Töchtern, Nichten und Neffen, Enkeln und allen anderen jungen und junggebliebenen Menschen anbieten könnt, die sich für eine gültige Antwort auf die Frage interessieren: »Wie bauen wir eine gute Zukunft für alle?«
- ***Fragen an den Mond*** *– 250 Antworten zu Gesundheit, Haushalt und Garten im Einklang mit dem Mond* (Goldmann Verlag). Seit 1991 erhalten wir im Durchschnitt 5 bis 30 Leseranfragen täglich, die wir bis heute persönlich und direkt beantworten. Die wichtigsten und häufigsten Fragen und Antworten bringen wir hier unseren LeserInnen nahe.
- ***Das Tiroler Zahlenrad*** (Goldmann Verlag). Von der bedachten Kindererziehung bis zur Berufswahl auf Basis tatsächlich vorhandener, aber vielleicht noch versteckter Talente – bei alledem kann das hier verborgene Wissen eine große Hilfe sein.

- ***Lebenschance Tiroler Zahlenrad*** (Goldmann Verlag). Mit dem Buch der Lebenschancen erweitern wir das Spektrum der Anwendungsmöglichkeiten des Zahlenrads um einen großen Schritt. Das Zahlenrad als Schlüssel zur Zufriedenheit der Seele – in allen Altersstufen und Lebenslagen!
- ***Der lebendige Garten*** – *Gärtnern zum richtigen Zeitpunkt in Harmonie mit Mond- und Naturrhythmen* (Goldmann Verlag). Der Mond schenkt ein üppiges Blütenmeer, kerngesunde Pflanzen und eine reiche Ernte. Wir zeigen, worauf es beim Gärtnern wirklich ankommt, nämlich auf die Kunst des richtigen Zeitpunkts und die Harmonie zwischen Mensch und Natur.
- ***Alles erlaubt!*** *Ernährung, Körperpflege, Schönheit – zum richtigen Zeitpunkt* (Goldmann Verlag). Das Buch gibt diesen wichtigen Bereichen unseres Alltags ein neues Fundament – jenseits des Diktats der Diätregeln und Kalorientabellen. Mit Alpha-/Omega-Ernährungsberatung!
- ***Aus eigener Kraft*** (Goldmann Verlag). Das Werk befasst sich ausführlich mit dem Zusammenhang zwischen Mondphasen und Mondstand im Tierkreis und Wirkung vorbeugender und heilender Maßnahmen für Körper, Geist und Seele.
- ***Bauen mit dem Mond – Renovieren, Hausbau, Holzverarbeitung zum richtigen Zeitpunkt*** (Goldmann Verlag). Das Buch kommt dem Leser mit jahrtausendealtem Wissen zu Hilfe, um Chemiegifte und Konservierungsmittel entbehrlich zu machen und Krankheiten den Boden zu entziehen.
- ***Vom richtigen Zeitpunkt*** (Irisiana). Unser Klassiker, mit dem alles anfing, 2014 bearbeitet und erweitert!
- ***Fit zum richtigen Zeitpunkt – Die Mondgymnastik*** (Goldmann Verlag). Ein Rundumprogramm für körperliche Fitness, seelische Ausgeglichenheit und ganzheitliche Gesundheit mit sanften Bewegungsübungen für alle Altersstufen. »Ich bin jetzt schon 81,

aber seit ich die Mondgymnastik mache, musste ich nicht mehr zum Arzt.« Ein Zitat aus einem der vielen Briefe, die uns erreicht haben. Das Geheimnis dieser Gymnastik liegt im richtigen Zeitpunkt. Das Buch weist einen einfachen und direkten Weg zur körperlichen Aufwärtsspirale. NEU: Mit Übungs-Poster!

Ein rundes Mondkalender-Programm

Unsere Bücher begleiten wir seit Jahren mit einem vielfältigen Mondkalender-Programm:

- ***Der Streifenkalender***, der überall Platz findet! Er sucht sich mühelos ein Plätzchen, etwa wie bei uns zu Hause im Türrahmen. Er wartet nur darauf, euch bei vielen Alltagsentscheidungen zur Seite zu stehen. Mit allen Symbolen in Farbe, die auch im Taschenkalender enthalten sind. Im Format 12 x 60 cm.
- ***Das Mondjahr – Zeit für mich.*** Im Einklang mit dem Mond leben heißt, im Einklang mit sich selbst leben – ausgeglichen, vital und von natürlicher Schönheit. In diesem Kalender teilt Johanna Paungger ihren immensen Wissensschatz rund um Schönheitspflege, Ernährung, Gesundheit und Fitness zum richtigen Zeitpunkt. Ein wertvoller Begleiter für jede Frau, im praktischen Handtaschenformat von 11,5 x 16 cm.
- ***Der Gartenspiralkalender.*** Der richtige Zeitpunkt kann deinen Garten in ein Paradies verwandeln, wenn du ihn kennenlernst und beherzigst. Fürs Kennenlernen sind wir da, das Beherzigen ist dein persönliches Abenteuer. **Auch als Streifenkalender (Format 12 x 60 cm) und NEU: als Tages-Abreißkalender!**
- ***Der Spiral-Wandkalender.*** Auf Anregung vieler LeserInnen haben wir dieses Kalenderformat ins Programm aufgenommen. Ein ganzer Monat auf einen Blick, mit farbigen Tätigkeitssymbolen und viel Platz für Notizen und obendrein noch ein schönes Mondfoto im Querformat – das unentbehrliche Werkzeug im Jumbo-Format, mit den Maßen 33 x 48,5 cm.
- Das bewährte Mondjahr als ***Taschenkalender*** in Schwarz- Weiß und in Farbe. 160 Seiten im Format 14,5 x 10,5 cm. Das ideale Büchlein auch für Neueinsteiger. Mit Symbolen und Texten für

eine Vielzahl von Tätigkeiten und einer Serie von Mini-Kalendern!

- ***Der Foto-Wandkalender.*** Zwölf wunderschöne Landschaftsfotos mit Mond verwandeln diesen Monatskalender in eine Zierde für Heim und Büro. Enthält sämtliche Symbole und Texte, die auch im Taschenkalender zu finden sind. Viel Mondwissen auf einen Blick im Format 28 x 32 cm.
- ***Die Jahresübersichten 2022–2032.*** 11 Jahre Mondkalender im DIN-A5-Format, eine Loseblattsammlung, wie sie auch unseren ersten beiden Büchern beiliegt. Das unentbehrliche Werkzeug in seiner einfachsten Form. Speziell für alle LeserInnen gedacht, deren Buch-Kalender abgelaufen sind.
- Der Original Paungger & Poppe ***Abreißkalender***. Das Mondjahr für jeden Tag. Mit vielen Mini-Geschichten, die das Wirken der Mondrhythmen leicht verständlich nahebringen, mit zeitlosen Weisheiten und natürlich mit den Grundregeln des Mondwissens. Enthält die vollständige Symbolsammlung. Format 13 x 11,5 cm. Mit einer erweiterten Serie von Mini- Kalendern für verschiedene Tätigkeiten!
- Der ***Wochenplaner*** für den Schreibtisch mit allen Symbolen und Texten, die auch ***Das Mondjahr*** enthält. Zum Aufstellen für den Schreibtisch im Format 32 x 11 cm.
- Das Mondjahr als ***Familienkalender***. Das bewährte Mondjahr im beliebten Familienkalender-Format. Ein unentbehrlicher Begleiter durch den Termindschungel deiner Familie! Mit allen Symbolen und schönen Mondfotos!
- Und schließlich: ***Das Mond-Jahrbuch***. Die Idee unseres russischen Verlages: Der Abreißkalender als handliches Taschenbuch! Die bunte Vielfalt von Tipps, Merksprüchen usw. zum immer wieder Nachschlagen und Sammeln. Die ideale Lektüre fürs Nachtkästchen.

Und so verwendest du Kalender und Symbole

Bei seinem 28-tägigen Lauf um die Erde durchwandert der Mond dieselben Tierkreiszeichen wie die Sonne, hält sich aber in jedem Zeichen nur zwei bis drei Tage lang auf. Gleichzeitig mit diesem »Mondstand im Tierkreis« und in Harmonie mit den Mondphasen macht sich auf der Erde ein deutlicher Einfluss bemerkbar, den wir im Alltag in vielfältigster Weise nützen können, in jedem Lebensbereich.

So regiert jedes Tierkreiszeichen eine Körperzone, beeinflusst einen Pflanzenteil und besitzt eine Nahrungsqualität. Diese Informationen sind täglich angegeben und können mit Hilfe unserer Bücher ausgewertet und im Alltag umgesetzt werden. Die **kräftig** gedruckten Symbole zeigen dir auf einen Blick an jedem Tag, welche Tätigkeit gerade besonders begünstigt ist. Ist das Symbol **hellgrau** dargestellt, dann verspricht die jeweilige Tätigkeit an diesem Tag weniger Erfolg als an allen anderen Tagen. Bitte nicht vergessen: Ein Symbol sagt dir nur, dass sich der jeweilige Tag am besten oder am schlechtesten für die jeweilige Tätigkeit eignet. Das heißt nicht, dass du dir bei einem verpassten günstigen Termin Sorgen machen solltest oder dass die Tätigkeit bei einem ungünstigen Termin garantiert ein Misserfolg wird. Wenn du beispielsweise einmal bei Fische zum Haareschneiden gehen musst, gehst du einfach beim nächsten Mal bei Löwe oder Jungfrau und hebst damit den negativen Fische-Einfluss auf. Dieses Beispiel lässt sich auf fast alle anderen Hinweise und Regeln übertragen. Gebrauche immer auch dein Gespür und deinen gesunden Menschenverstand. Den Alltag starr nach dem Mondkalender auszurichten macht niemandem Freude und ist nicht in unserem Sinne.

Zunehmender Mond ☽

Abnehmender Mond ☾

Zwischen jedem Neu- und Vollmond geben wir täglich das Symbol für den zunehmenden Mond an, zwischen Voll- und Neumond täglich das Symbol für den abnehmenden Mond. Das ist besonders im Bereich der Gesundheit von Vorteil, weil du dann sofort diese beiden wichtigen Mondphasen unterscheiden kannst.

Neumond ●

Vollmond ○

Die Angabe der genauen Uhrzeit für Neumond und Vollmond ist sinnvoll, besonders dann, wenn der jeweilige Zeitpunkt sehr früh am Tag, zwischen Mitternacht und Morgen liegt. Zwar ist eine Aussage wie »Heute ist Neumond« oder »Heute ist Vollmond« dann richtig, aber bei einem frühen Neumond ist der ganze Tag schon stark vom zunehmenden Mond, bei einem frühen Vollmond vom abnehmenden Mond beeinflusst. Das ist in der Heilkunde von Bedeutung (siehe *Aus eigener Kraft*), aber auch in Gartenbau und Landwirtschaft, denn die besonderen Kräfte der Voll- und Neumondtage machen sich dann am vorherigen Tag am stärksten bemerkbar.

Bei der Angabe der Neu- und Vollmondzeiten ist aus verschiedenen Gründen die Sommerzeit nicht berücksichtigt, unter anderem, weil sich die Natur nicht nach der Sommerzeit richtet.

Bauen, Heimwerken, Verbinden

Dieses Symbol wird dich immer bei abnehmendem Mond im Tierkreiszeichen Steinbock daran erinnern, dass dies der ideale Zeitpunkt ist, um besonders heikle Arbeiten bei Hausbau und Renovieren giftfrei durchzuführen – und zwar immer dann, wenn es um das Verbinden zweier unterschiedlicher Materialien geht: Stein mit Naturboden, Lack mit Metall, Putz mit Beton, Ziegel auf Ziegel, vor allem aber Holz mit Holz, etwa beim Aufrichten einer Stiege usw. Zur Erinnerung: Der abnehmende Mond eignet sich generell für diese Arbeiten besser als der zunehmende Mond.

Bäume und Sträucher pflanzen 

Zu bestimmten Jahreszeiten taucht dieses Symbol im Tierkreiszeichen Jungfrau auf und markiert damit den Zeitpunkt, an dem selbst ältere Pflanzen schnell anwurzeln und kräftig heranwachsen. Was immer du an Pflanzarbeiten durchführen möchtest, vom Pflanzen eines einzelnen Baumes über Alleen bis hin zum Aufforsten ganzer Waldareale nach einem Sturmschaden – achte auf dieses Symbol, und der Erfolg ist dir gewiss.

Baumköpfen/Intensiver Rückschnitt 

Ein Segen für das Budget von Stadtgartendirektionen wäre es, auf dieses Symbol zu achten. Die Maßnahme des »Baumköpfens« richtet sich in erster Linie auf die Behandlung kränkelnder Bäume, sie ist aber auch sehr sinnvoll bei gesunden Pflanzen und Bäumen, die nicht recht gedeihen oder dichter wachsen sollen. Bei Nadelbäumen entfernst du einfach ein kurzes Stück der Spitze, knapp oberhalb eines Kranzes von mehreren Seitentrieben. Der Baum empfindet das als starken Wachstumsimpuls und wählt dann von selbst den stärksten Seitentrieb als neue Spitze. Laubgehölze beschneidest du so, wie man Haarspitzen schneidet: kein starker Rückschnitt, sondern nur einige Astspitzen am ganzen Baum. Ein radikaler Rückschnitt zur »Wiederbelebung« von Hecken, Bäumen und sonstigen Pflanzen bringt an Neumond ebenfalls beste Ergebnisse.

Blumengießen 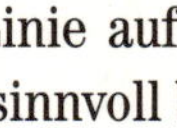

Zimmerpflanzen und Balkonpflanzen müssen nicht so oft gegossen werden, wie es den Anschein hat. Gewöhne deine Pflanzen langsam an den im Kalender angegebenen Rhythmus (Gießen nur an Blatttagen: Krebs, Skorpion, Fische). Um die Umgewöhnung zu erleichtern, kannst du anfangs auch an Wurzeltagen (Stier, Jungfrau, Steinbock) gießen, am besten immer mit kalkfreiem Regenwasser oder abgestandenem Wasser. Balkonblumen und manche exotische Pflanzen mit hohem Wasserbedarf musst du dennoch öfter gießen. Zu häufiges Gießen an Blütentagen (Zwillinge, Waage, Wassermann) lockt Schädlinge an, besonders die Läuse. Gemeinden könnten sich Unsummen sparen, wenn sie bei allen Bewässerungsmaßnahmen öffentlicher Grünanlagen auf dieses Symbol achten würden. Trinkwassereinsparung und gesündere Pflanzen wären ihr Lohn.

Düngen

Achte beim Düngen auf den Mondstand und beobachte, wie gut die Erde bei abnehmendem Mond das jeweilige Düngemittel aufnimmt. Das gilt auch für alle Zimmer- und Balkonpflanzen. Das Symbol findest du an allen Tagen, die sich entweder besonders gut oder besonders schlecht fürs Düngen eignen. Generell gilt, dass man eher bei abnehmendem Mond düngen sollte.

Einkochen

Bei abnehmendem Mond Eingekochtes hält stets länger. Wenn du bei zunehmendem Mond arbeitest, achte auf ein Fruchtzeichen (Widder, Löwe, Schütze). Obst ist bei zunehmendem Mond zwar saftiger und aromatischer, aber die Fäulnisgefahr ist größer, deshalb am besten sofort verbrauchen. Weil heute vielfach tiefgefrorene Früchte verarbeitet werden, findest du dieses Symbol während des ganzen Jahres und auch an Wochenenden. Ein Tipp: Ernte und gefriere bei zunehmendem Mond an einem Fruchtzeichen und lege die Weiterverarbeitung in den abnehmenden Mond, ebenfalls an einem Fruchttag.

Ernten, Einkaufen und Lagern
Obst- und Safttage

Das Symbol gibt die günstigen Tage für Ernten und Lagerhaltung an wie auch günstige Einkaufs- und Lagerzeitpunkte, etwa für das Transportieren und Lagern von Getreide und Kartoffeln (Großfamilien!). Grundsätzlich verderben Lebensmittel bei zunehmendem Mond geerntet oder gelagert schneller, besonders im Sommer bei Gewittern (u. a. wird Milch sauer). Für das Haltbarmachen kleiner Obst- und Gemüsevorräte eignet sich die kleine Holzpyramide aus unserem Versand sehr gut – die natürlichste Form der Konservierung. Gleichzeitig sind alle Tage mit diesem Symbol (schwarz) sehr gut geeignet, um wenigstens an einem der zwei oder drei Tage eine entlastende Obst- oder Saftkur einzulegen. Ein hellgrau gedrucktes Apfel-Symbol bedeutet jedoch nicht, dass dir ein Obst- oder Fastentag jetzt schaden würde! Es zeigt nur an, dass sich dieser Tag sehr schlecht als Ernte-, Lager- oder Vorratseinkaufstag eignet.

Fensterputzen

Du wünschst »streifenfreien Glanz« auf den Augen deines Heims? Wenn du fürs Fensterputzen die Tage mit diesem Symbol wählst, lernst du vielleicht sogar diese Arbeit lieben. Alles geht müheloser, und als Reingungsmittel genügt Wasser mit einem Schuss Spiritus. Ähnlich wie beim Blumengießen zum richtigen Zeitpunkt wird der Erfolg nach einiger Zeit sichtbar und fühlbar. Wenn du allerdings an einer verkehrsreichen Straße eine Ladenfront zu putzen hast, dann musst du natürlich öfter reinigen als im Kalender angegeben.

Gesichtspackung 

An diesen Tagen zieht eine Gesichtspackung besonders gut ein, die Haut nimmt optimal auf, was man ihr zuführt. Wenn du noch nie Gesichtspackungen angewendet hast, eignen sich diese Tage besonders gut für den Start.

Haareschneiden und -waschen  

An diesen Tagen ist Haareschneiden und Haarewaschen besonders günstig. Bei Löwe und Jungfrau im zunehmendem Mond geschnitten, wachsen die Haare schneller, im abnehmenden Mond geschnitten, wachsen sie langsamer und dichter. Übrigens: Wenn du dir täglich die Haare wäschst, solltest du zumindest an einem der Fischetage darauf verzichten.

Holzschlagen 

Die besten Holzschlagetage sind bei weitem nicht vollständig angegeben, genauere Angaben zu diesem Spezialgebiet findest du in unseren Büchern. Nicht vergessen: Alle Holzregeln sind nur gültig, wenn das Holz natürlich trocknet und lagert!

Jäten und Unkrautauszupfen  

Damit ist immer das Entfernen des Unkrauts mitsamt der Wurzel gemeint. Nur Abschneiden oder Mähen genügt nicht, um sich die Kräfte dieser Tage zunutze zu machen.

Malerarbeiten  

Wer schon mit Farben und Lacken in Haushalt oder Beruf gearbeitet hat, wird sicher die Erfahrung gemacht haben, dass die Farbe manchmal nach kurzer Zeit bricht, sich ablöst oder schlecht trocknet. Daran ist nicht immer das Material, die Technik oder die Witterung schuld. Zum richtigen Zeitpunkt verarbeitet, hält die Farbe lange, sie splittert nicht ab und ist witterungsbeständiger. Auch giftige Ausgasungen sind dann nicht so stark. Natürlich sind trotzdem alle üblichen Vorbereitungsmaßnahmen – Schleifen, Spachteln, Grundieren usw. – notwendig, auch wenn du auf den richtigen Zeitpunkt achtest.

Nagelpflege

Dass freitags nach Sonnenuntergang die Nagelpflege die besten Resultate bringt, ist eine alte Überlieferung, die nicht in Zusammenhang mit dem Mondrhythmus steht. Sie beweist sich durch deine persönliche Erfahrung. Wir können nur empfehlen, es auszuprobieren. Es lohnt sich, wie viele unserer LeserInnen uns bestätigt haben! Vielleicht sind Nagelprobleme auch deshalb so verbreitet, weil Nägel häufig am ungünstigsten Zeitpunkt gepflegt werden, nämlich an Samstagen.

Obstbaumschnitt

Der richtige Zeitpunkt für den Obstbaumschnitt richtet sich nach den örtlichen klimatischen Verhältnissen. Am besten fragst du beim nächstliegenden Gartenbauverein nach, welche Jahreszeit sich in deiner Region am besten eignet, und wählst dann einen guten Tag im angegebenen Zeitraum. Ein Tipp: Schneide alle Äste weg, die zur Baummitte hin wachsen. Sie kosten den Baum unnötig viel Kraft.

Problemwäsche

Generell eignet sich der abnehmende Mond besser zum Wäschewaschen als der zunehmende. Fast immer kommst du dann mit der Hälfte der empfohlenen Waschmittelmenge aus (deshalb niemals nur Waschmittel-Tabs kaufen!). Problemwäsche und Flecken kannst du an Tagen mit diesem Symbol besonders erfolgreich sauber bekommen, die Fasern werden geschont, das Waschmittel lässt sich restlos ausspülen (wichtig für Allergiker!). Wenn du dieses Symbol hellgrau gedruckt findest, ist jede Form des Waschens ungünstig.

Umtopfen und Umsetzen

Hier geht es um das Umsetzen und Umtopfen aller Pflanzenarten, besonders auch das Umtopfen von Zimmer- und Balkonpflanzen, das an diesen Tagen besonders gut gelingt. An heißen Tagen sollte das Umtopfen allerdings erst abends erfolgen, damit die Pflanzen besser mit der Hitze fertig werden. Nicht gemeint ist hier das Setzen, Umsetzen und Umtopfen von Gemüsepflanzen.

»Mondkur« – Abnehmen und Körperpflege

Dieses Symbol taucht zu Neumond und Vollmond im Kalender auf. Es wäre an diesen Tagen sehr sinnvoll, weniger als sonst zu essen oder gar richtig zu fasten und besonders viel zu trinken. An Neumond entgiftet der Körper besonders gut, während er bei Vollmond alles besser speichert, auch Unerwünschtes.

Zum einfachen Nachschlagen und Auffinden der Symbole findest du eine tabellarische Zusammenfassung mit Kurzbezeichnungen auf Seite 22.

Ein Überblick über die Tabellen im Kalender

Grundtabelle

Die Grundtabelle ist ein wichtiges Handwerkszeug und gibt einen Überblick über die unterschiedlichen Wirkungsimpulse der einzelnen Tierkreiszeichen – auf Körperzonen, Pflanzenteile, Nahrungsqualität etc. Zur Entschlüsselung dieser Impulse eignen sich unsere Bücher *Aus eigener Kraft* und *Der lebendige Garten* am besten.

Aderlasstabelle

Anhand der Aderlasstabelle kannst du die günstigen und ungünstigen Tage für den Aderlass bestimmen. An manchen Tagen sollte man generell auf einen Aderlass verzichten, gleichgültig, zu welchem Ergebnis die Auszählung der Tage seit dem letzten Neumond kommt. Diese »Schwend«-Tage spielen auch in Landwirtschaft und Gartenbau eine Rolle und sind im Kalender angegeben. Bevor du diese wertvolle Heilmethode anwenden lässt, empfehlen wir dir dringend, das Kapitel über den Aderlass zu lesen (*Aus eigener Kraft*). Hier nur so viel: Der Aderlass sollte generell nicht öfter als alle zwei Jahre vorgenommen werden!

Alpha-/Omega-Identifikationsquiz

Diese Fragenliste kann den Weg weisen zur wichtigsten Säule für gute Gesundheit bis ins hohe Alter. Die ausführliche Erklärung findest du u. a. in unserem Buch *Moon Power*. Auf unserer Website bieten wir die Möglichkeit an, deinen persönlichen Ernährungstyp für dich zu ermitteln.

Die Mondkur – Gesunde Ernährung im Rhythmus des Mondes

Sich im Rhythmus der Mondphasen ernähren – für viele LeserInnen der erste Schritt zur gesunden und dauerhaften Gewichtsreduktion.

Grundtabelle

Tierkreiszeichen	*Symbol*	*Körperzone*	*Organsystem*	*Element*	*Nahrungsqualität*	*im abnehm. Mond*	*im zunehm. Mond*
Widder		Kopf, Gehirn, Augen, Nase	Sinnesorgane	Feuer	Eiweiß/ Frucht	April – Oktober	Oktober – April
Stier		Kehlkopf, Schilddrüse, Zähne, Kiefer, Mandeln, Ohren	Blutkreislauf	Erde	Salz	Mai – November	November – Mai
Zwillinge		Schultern, Arme, Hände (Lunge)	Drüsensystem	Luft	Fett	Juni – Dezember	Dezember – Juni
Krebs		Brust, Lunge, Magen, Leber, Galle	Nervensystem	Wasser	Kohlenhydrate	Juli – Januar	Januar – Juli
Löwe		Herz, Rücken, Zwerchfell, Blutkreislauf, Schlagader	Sinnesorgane	Feuer	Eiweiß/ Frucht	August – Februar	Februar – August
Jungfrau		Verdauungsorgane, Nerven, Milz, Bauchspeicheldrüse	Blutkreislauf	Erde	Salz	September – März	März – September
Waage		Hüfte, Nieren, Blase	Drüsensystem	Luft	Fett	Oktober – April	April – Oktober
Skorpion		Geschlechtsorgane, Harnleiter	Nervensystem	Wasser	Kohlenhydrate	November – Mai	Mai – November
Schütze		Oberschenkel, Venen	Sinnesorgane	Feuer	Eiweiß/ Frucht	Dezember – Juni	Juni – Dezember
Steinbock		Knie, Knochen, Gelenke, Haut	Blutkreislauf	Erde	Salz	Januar – Juli	Juli – Januar
Wassermann		Unterschenkel, Venen	Drüsensystem	Luft	Fett	Februar – August	August – Februar
Fische		Füße, Zehen	Nervensystem	Wasser	Kohlenhydrate	März – September	September – März

Alle Symbole auf einen Blick

Bei jedem Tag im Jahr findest du **kräftig** gedruckte Symbole, die dir auf einen Blick sagen, welche Tätigkeit an diesem Tag besonders begünstigt ist. Ist das Symbol hell dargestellt, dann verspricht die jeweilige Tätigkeit an diesem Tag weniger Erfolg als an allen anderen Tagen.

Bauen, Heimwerken, Verbinden

Bäume und Sträucher pflanzen

Baumköpfen/ Intensiver Rückschnitt

Blumengießen

Düngen

Einkochen

Ernten, Einkaufen und Lagern Obst- und Safttage

Fensterputzen

Problemwäsche

Haareschneiden und -waschen

Holzschlagen

Jäten und Unkrautauszupfen

Malerarbeiten

Nagelpflege

Obstbaumschnitt

Umtopfen und Umsetzen

Gesichtspackung

»Mondkur« – Abnehmen und Körperpflege

Aderlasstabelle

Tag	1	schlecht	
Tag	2	schlecht	
Tag	3	schlecht	
Tag	4	sehr schlecht	
Tag	5	schlecht	
Tag	6	gut	(Nierentätigkeit)
Tag	7	schlecht	
Tag	8	schlecht	
Tag	9	schlecht	
Tag	10	schlecht	
Tag	11	gut	(Magersucht)
Tag	12	gut	(für den ganzen Körper)
Tag	13	schlecht	
Tag	14	schlecht	
Tag	15	gut	(Magersucht)
Tag	16	sehr schlecht	
Tag	17	sehr gut	(genau zählen)
Tag	18	gut	(für den ganzen Körper)
Tag	19	schlecht	
Tag	20	schlecht	
Tag	21	gut	(für den ganzen Körper)
Tag	22	sehr gut	
Tag	23	gut	(für das Knochengerüst, bei Multipler Sklerose und Rheuma)
Tag	24	gut	(für die Lunge und bei Asthma)
Tag	25	gut	
Tag	26	gut	(bei hohem Blutdruck, gegen Fieber)
Tag	27	sehr schlecht	
Tag	28	gut	
Tag	29	schlecht	
Tag	30	schlecht	

Alpha-/Omega-Identifikationsquiz: Eine kleine Starthilfe zum Erkennen des Ernährungstyps

Alpha-Typ:
Du verträgst den täglichen Orangensaft, hast bei Gurken keine Probleme mit Aufstoßen, und Karotten sind ein bevorzugtes Gemüse? Liebst du größere Mahlzeiten, dafür in größeren Abständen, ohne Snacks zwischendurch? Nach Süßigkeiten und Weizenbrot stellt sich regelmäßig Müdigkeit ein? Bekommst du von Kirschen oder Pflaumen einen sauren Magen, verträgst Äpfel besser? Fast immer mit Ja geantwortet lässt einen Alpha-Typ vermuten.

Omega-Typ:
Du hast relativ oft Hungergefühle, bist aber dann schon mit Kleinigkeiten wie Obst, Müslischnitte, Smoothie zufrieden? Große Portionen wirken abschreckend? Süßigkeiten wirken nicht so belastend, wie man erwarten könnte? Weißbrot verträgst du gut, bekommst von Roggenbrot eher Magendrücken? Tierisches Fett, Butter usw. kann schon mal eine leichte Übelkeit verursachen? Der tägliche, angeblich so gesunde Apfel kann dich nicht wirklich begeistern? Viele Ja-Antworten lassen einen Omega-Typ vermuten.

Alle diese Hinweise können zu einer Zuordnung führen. Die Zugehörigkeit zu einem Ernährungstyp besteht lebenslang, auch wenn sich Vorlieben und Geschmacksrichtungen ändern. Ernährungsgewohnheiten können allerdings so stark verankert sein, dass man zu vertragen glaubt, was eigentlich schädlich ist. Auf Seite 218 findest du ein Angebot zur Ermittlung deines Ernährungstyps.

Die Mondkur – Gesunde Ernährung im Rhythmus des Mondes

Regel Nr. 1: Kaufe deine Lebensmittel so frisch, so vollwertig und naturbelassen, so liebevoll ausgewählt und zubereitet wie nur möglich.
Regel Nr. 2: Wähle stets jene Lebensmittel, die deinem Typ entsprechen. Scheue aber Ausnahmen nicht. Als Alpha-Typ konzentriere dich auf drei Mahlzeiten täglich, als Omega-Typ auf fünf Mahlzeiten täglich.
Regel Nr. 3: Iss im Rhythmus des Mondes.

Mondphase	*Grundregel*	*Förderlich*
VOLLMOND ○	Iss schon zwei, drei Tage vorher möglichst wenig und ab 18 Uhr nichts mehr. Faste am Vollmondtag, wenn es ohne Kreislaufprobleme möglich ist, und trinke an diesem Tag mehr als zwei Liter.	Viel Vollmond-Tee bis etwa 19 Uhr, danach nur noch nach Durstgefühl. Obst-, Saft- oder Fastentage um Vollmond herum.
ABNEHMENDER MOND ☾	Iss wie gewohnt und achte auf die Nahrungsqualität des Tages. Wenn du dich wohlfühlst, dann brauchst du nicht darauf zu achten: Dein Gespür ist schon erwacht. Iss nach 17 Uhr nichts mehr.	Abnehmender-Mond-Tee bis etwa 19 Uhr, danach nur nach Durstgefühl. Nach Belieben täglich den ganzen Körper mit Entschlackungsöl »Vom richtigen Zeitpunkt« massieren.
NEUMOND ●	Iss schon zwei, drei Tage vorher möglichst wenig. Faste am Neumondtag, wenn es ohne Kreislaufprobleme möglich ist, und trinke an diesem Tag mehr als zwei Liter.	Die Teemischung für den Neumond. Obst-, Saft- oder Fastentage um Neumond herum.
ZUNEHMENDER MOND ☽	Iss insgesamt weniger und achte auf die Nahrungsqualität des Tages. Iss nach 18 Uhr nichts mehr. Trinke täglich viel bis etwa 19 Uhr, danach je nach Durstgefühl.	Von der Teemischung für den zunehmenden Mond begleiten lassen, mindestens zwei Liter täglich. Täglich mit Gewebestrafföl »Vom richtigen Zeitpunkt« den ganzen Körper massieren.

Januar 2022				
S	1	♐	Neujahr	
S	2	♐	● 19.33 Berchtoldstag	
M	3	♑		1
D	4	♑		
M	5	♒		
D	6	♒	Hl. Drei Könige	
F	7	♓		
S	8	♓		
S	9	♈	☽	
M	10	♈		2
D	11	♉		
M	12	♉		
D	13	♉		
F	14	♊		
S	15	♊		
S	16	♋		
M	17	♋		3
D	18	♋	○ 00.47	
M	19	♌		
D	20	♌		
F	21	♍		
S	22	♍		
S	23	♎		
M	24	♎		4
D	25	♎	☾	
M	26	♏		
D	27	♏		
F	28	♐		
S	29	♐		
S	30	♑		
M	31	♑		5

Februar 2022				
D	1	♒	● 06.45	
M	2	♒		
D	3	♓		
F	4	♓		
S	5	♈		
S	6	♈		
M	7	♉		6
D	8	♉	☽	
M	9	♉		
D	10	♊		
F	11	♊		
S	12	♊		
S	13	♋		
M	14	♋	Valentinstag	7
D	15	♌		
M	16	♌	○ 17.56	
D	17	♍		
F	18	♍		
S	19	♍		
S	20	♎		
M	21	♎		8
D	22	♏		
M	23	♏	☾	
D	24	♐		
F	25	♐		
S	26	♑		
S	27	♑		
M	28	♒	Rosenmontag	9

März 2022				
D	1	♒	Faschingsdienstag	
M	2	♓	● 18.34 Aschermittwoch	
D	3	♓		
F	4	♓		
S	5	♈		
S	6	♈		
M	7	♉		10
D	8	♉		
M	9	♊		
D	10	♊	☽	
F	11	♊		
S	12	♋		
S	13	♋		
M	14	♌		11
D	15	♌		
M	16	♌		
D	17	♍		
F	18	♍	○ 08.18	
S	19	♎		
S	20	♎		
M	21	♏		12
D	22	♏		
M	23	♐		
D	24	♐		
F	25	♑	☾	
S	26	♑		
S	27	♑		
M	28	♒		13
D	29	♒		
M	30	♓		
D	31	♓		

= abnehmender Mond

April 2022				
F	1	♈	● 07.24	
S	2	♈		
S	3	♉		
M	4	♉		14
D	5	♉		
M	6	♊		
D	7	♊		
F	8	♋		
S	9	♋	☽	
S	10	♋		
M	11	♌		15
D	12	♌		
M	13	♍		
D	14	♍	Gründonnerstag	
F	15	♎	Karfreitag	
S	16	♎	○ 19.55	
S	17	♎	Ostersonntag	
M	18	♏	Ostermontag	16
D	19	♏		
M	20	♐		
D	21	♐		
F	22	♑		
S	23	♑	☾ Welttag des Buches	
S	24	♒		
M	25	♒		17
D	26	♓		
M	27	♓		
D	28	♈		
F	29	♈		
S	30	♈	● 21.27	

Mai 2022				
S	1	♉	Maifeiertag	
M	2	♉		18
D	3	♊		
M	4	♊		
D	5	♊		
F	6	♋		
S	7	♋		
S	8	♌	Muttertag	
M	9	♌	☽	19
D	10	♍		
M	11	♍		
D	12	♍		
F	13	♎		
S	14	♎		
S	15	♏		
M	16	♏	○ 05.12	20
D	17	♐		
M	18	♐		
D	19	♑		
F	20	♑		
S	21	♒		
S	22	♒	☾	
M	23	♓		21
D	24	♓		
M	25	♈		
D	26	♈	Christi Himmelfahrt	
F	27	♈		
S	28	♉		
S	29	♉		
M	30	♊	● 12.29	22
D	31	♊		

Juni 2022				
M	1	♊		
D	2	♋		
F	3	♋		
S	4	♌		
S	5	♌	Pfingstsonntag	
M	6	♌	Pfingstmontag	23
D	7	♍	☽	
M	8	♍		
D	9	♎		
F	10	♎		
S	11	♏		
S	12	♏		
M	13	♐		24
D	14	♐	○ 12.50	
M	15	♑		
D	16	♑	Fronleichnam	
F	17	♒		
S	18	♒		
S	19	♒		
M	20	♓		25
D	21	♓	☾	
M	22	♈		
D	23	♈		
F	24	♉		
S	25	♉		
S	26	♉		
M	27	♊		26
D	28	♊		
M	29	♋	● 03.51	
D	30	♋		

Sommerzeit nicht berücksichtigt

Juli 2022	August 2022	September 2022
F 1 ♋	M 1 ♍ Schweizer Nationalfeiertag 31	D 1 ♏
S 2 ♌	D 2 ♍	F 2 ♏
S 3 ♌	M 3 ♎	S 3 ♐ ☽
M 4 ♍ 27	D 4 ♎	S 4 ♐
D 5 ♍	F 5 ♏ ☽	M 5 ♐ 36
M 6 ♎	S 6 ♏	D 6 ♑
D 7 ♎ ☽	S 7 ♐	M 7 ♑
F 8 ♎	M 8 ♐ 32	D 8 ♒
S 9 ♏	D 9 ♑	F 9 ♒
S 10 ♏	M 10 ♑	S 10 ♓ ○ 10.58
M 11 ♐ 28	D 11 ♒	S 11 ♓
D 12 ♐	F 12 ♒ ○ 02.36	M 12 ♈ 37
M 13 ♑ ○ 19.37	S 13 ♓	D 13 ♈
D 14 ♑	S 14 ♓	M 14 ♉
F 15 ♒	M 15 ♈ Mariä Himmelfahrt 33	D 15 ♉
S 16 ♒	D 16 ♈	F 16 ♊
S 17 ♓	M 17 ♈	S 17 ♊ ☾
M 18 ♓ 29	D 18 ♉	S 18 ♊
D 19 ♈	F 19 ♉ ☾	M 19 ♋ 38
M 20 ♈ ☾	S 20 ♊	D 20 ♋
D 21 ♉	S 21 ♊	M 21 ♌
F 22 ♉	M 22 ♊ 34	D 22 ♌
S 23 ♉	D 23 ♋	F 23 ♌
S 24 ♊	M 24 ♋	S 24 ♍
M 25 ♊ 30	D 25 ♌	S 25 ♍ ● 22.54
D 26 ♋	F 26 ♌	M 26 ♎ 39
M 27 ♋	S 27 ♌ ● 09.16	D 27 ♎
D 28 ♋ ● 18.54	S 28 ♍	M 28 ♎
F 29 ♌	M 29 ♍ 35	D 29 ♏
S 30 ♌	D 30 ♎	F 30 ♏
S 31 ♍	M 31 ♎	

= abnehmender Mond

Oktober 2022	November 2022	Dezember 2022
S 1	D 1 ☽ Allerheiligen	D 1
S 2	M 2	F 2
M 3 ☽ Tag der Dt. Einheit 40	D 3	S 3
D 4	F 4	S 4 2. Advent/Barbaratag
M 5	S 5	M 5 49
D 6	S 6	D 6
F 7	M 7 45	M 7
S 8	D 8 ○ 12.01	D 8 ○ 05.08 Mariä Empfängnis
S 9 ○ 21.53	M 9	F 9
M 10 41	D 10	S 10
D 11	F 11	S 11 3. Advent
M 12	S 12	M 12 50
D 13	S 13	D 13
F 14	M 14 46	M 14
S 15	D 15	D 15
S 16	M 16 ☾ Buß- und Bettag	F 16 ☾
M 17 ☾ 42	D 17	S 17
D 18	F 18	S 18 4. Advent
M 19	S 19	M 19 51
D 20	S 20	D 20
F 21	M 21 47	M 21
S 22	D 22	D 22
S 23	M 23 ● 23.56	F 23 ● 11.16
M 24 43	D 24	S 24 Heiliger Abend
D 25 ● 11.48	F 25	S 25 1. Weihnachtsfeiertag
M 26 Österr. Nationalfeiertag	S 26	M 26 2. Weihnachtsfeiertag 52
D 27	S 27 1. Advent	D 27
F 28	M 28 48	M 28
S 29	D 29	D 29
S 30	M 30 ☽	F 30 ☽
M 31 Reformationstag 44		S 31 Silvester

Sommerzeit nicht berücksichtigt

Januar 2023		Februar 2023		März 2023	
S 1 ♉ Neujahr		M 1 ♊		M 1 ♊	
M 2 ♉ Berchtoldstag	1	D 2 ♋		D 2 ♋	
D 3 ♉		F 3 ♋		F 3 ♋	
M 4 ♊		S 4 ♋		S 4 ♌	
D 5 ♊		S 5 ♌ ○ 19.27		S 5 ♌	
F 6 ♋ Hl. Drei Könige		M 6 ♌	6	M 6 ♌	10
S 7 ♋ ○ 00.08		D 7 ♍		D 7 ♍ ○ 13.38	
S 8 ♋		M 8 ♍		M 8 ♍	
M 9 ♌	2	D 9 ♍		D 9 ♎	
D 10 ♌		F 10 ♎		F 10 ♎	
M 11 ♍		S 11 ♎		S 11 ♎	
D 12 ♍		S 12 ♏		S 12 ♏	
F 13 ♍		M 13 ♏ ☾	7	M 13 ♏	11
S 14 ♎		D 14 ♏ Valentinstag		D 14 ♐	
S 15 ♎ ☾		M 15 ♐		M 15 ♐ ☾	
M 16 ♏	3	D 16 ♐		D 16 ♑	
D 17 ♏		F 17 ♑		F 17 ♑	
M 18 ♐		S 18 ♑		S 18 ♒	
D 19 ♐		S 19 ♒		S 19 ♒	
F 20 ♑		M 20 ♒ ● 08.05 Rosenmontag	8	M 20 ♓	12
S 21 ♑ ● 21.52		D 21 ♓ Faschingsdienstag		D 21 ♓ ● 18.22	
S 22 ♒		M 22 ♓ Aschermittwoch		M 22 ♈	
M 23 ♒	4	D 23 ♈		D 23 ♈	
D 24 ♓		F 24 ♈		F 24 ♉	
M 25 ♓		S 25 ♉		S 25 ♉	
D 26 ♈		S 26 ♉		S 26 ♉	
F 27 ♈		M 27 ♊ ☽	9	M 27 ♊	13
S 28 ♈ ☽		D 28 ♊		D 28 ♊	
S 29 ♉				M 29 ♋ ☽	
M 30 ♉	5			D 30 ♋	
D 31 ♊				F 31 ♌	

(grau hinterlegt) = abnehmender Mond

April 2023

S	1	♌		
S	2	♌		
M	3	♍		14
D	4	♍		
M	5	♎		
D	6	♎	○ 05.34 Gründonnerstag	
F	7	♎	Karfreitag	
S	8	♏		
S	9	♏	Ostersonntag	
M	10	♐	Ostermontag	15
D	11	♐		
M	12	♑		
D	13	♑	☾	
F	14	♒		
S	15	♒		
S	16	♓		
M	17	♓		16
D	18	♓		
M	19	♈		
D	20	♈	● 05.11	
F	21	♉		
S	22	♉		
S	23	♊	Welttag des Buches	
M	24	♊		17
D	25	♋		
M	26	♋		
D	27	♋	☽	
F	28	♌		
S	29	♌		
S	30	♍		

Mai 2023

M	1	♍	Maifeiertag	18
D	2	♍		
M	3	♎		
D	4	♎		
F	5	♏	○ 18.34	
S	6	♏		
S	7	♐		
M	8	♐		19
D	9	♐		
M	10	♑		
D	11	♑		
F	12	♒	☾	
S	13	♒		
S	14	♓	Muttertag	
M	15	♓		20
D	16	♈		
M	17	♈		
D	18	♉	● 16.52 Christi Himmelf.	
F	19	♉		
S	20	♊		
S	21	♊		
M	22	♊		21
D	23	♋		
M	24	♋		
D	25	♌		
F	26	♌		
S	27	♌	☽	
S	28	♍	Pfingstsonntag	
M	29	♍	Pfingstmontag	22
D	30	♎		
M	31	♎		

Juni 2023

D	1	♎		
F	2	♏		
S	3	♏		
S	4	♐	○ 04.41	
M	5	♐		23
D	6	♑		
M	7	♑		
D	8	♒	Fronleichnam	
F	9	♒		
S	10	♓	☾	
S	11	♓		
M	12	♈		24
D	13	♈		
M	14	♉		
D	15	♉		
F	16	♉		
S	17	♊		
S	18	♊	● 05.36	
M	19	♋		25
D	20	♋		
M	21	♌		
D	22	♌		
F	23	♌		
S	24	♍		
S	25	♍		
M	26	♎	☽	26
D	27	♎		
M	28	♎		
D	29	♏		
F	30	♏		

Sommerzeit nicht berücksichtigt

Juli 2023		August 2023		September 2023	
S 1 ♐		D 1 ♑ Schweizer ○ 19.30 Nationalfeiertag		F 1 ♓	
S 2 ♐		M 2 ♒		S 2 ♈	
M 3 ♑ ○ 12.37	27	D 3 ♒		S 3 ♈	
D 4 ♑		F 4 ♓		M 4 ♉	36
M 5 ♒		S 5 ♓		D 5 ♉	
D 6 ♒		S 6 ♈		M 6 ♊ ☾	
F 7 ♓		M 7 ♈	32	D 7 ♊	
S 8 ♓		D 8 ♉ ☾		F 8 ♊	
S 9 ♈		M 9 ♉		S 9 ♋	
M 10 ♈ ☾	28	D 10 ♊		S 10 ♋	
D 11 ♈		F 11 ♊		M 11 ♌	37
M 12 ♉		S 12 ♋		D 12 ♌	
D 13 ♉		S 13 ♋		M 13 ♌	
F 14 ♊		M 14 ♋	33	D 14 ♍	
S 15 ♊		D 15 ♌ Mariä Himmelfahrt		F 15 ♍ ● 02.39	
S 16 ♋		M 16 ♌ ● 10.37		S 16 ♎	
M 17 ♋ ● 19.31	29	D 17 ♌		S 17 ♎	
D 18 ♋		F 18 ♍		M 18 ♎	38
M 19 ♌		S 19 ♍		D 19 ♏	
D 20 ♌		S 20 ♎		M 20 ♏	
F 21 ♍		M 21 ♎	34	D 21 ♐	
S 22 ♍		D 22 ♎		F 22 ♐ ☽	
S 23 ♍		M 23 ♏		S 23 ♑	
M 24 ♎	30	D 24 ♏ ☽		S 24 ♑	
D 25 ♎ ☽		F 25 ♐		M 25 ♑	39
M 26 ♏		S 26 ♐		D 26 ♒	
D 27 ♏		S 27 ♑		M 27 ♒	
F 28 ♏		M 28 ♑	35	D 28 ♓	
S 29 ♐		D 29 ♒		F 29 ♓ ○ 10.58	
S 30 ♐		M 30 ♒		S 30 ♈	
M 31 ♑	31	D 31 ♓ ○ 02.36			

▒ = abnehmender Mond

Oktober 2023	November 2023	Dezember 2023
S 1	M 1 Allerheiligen	F 1
M 2 (40)	D 2	S 2
D 3 Tag der Dt. Einheit	F 3	S 3 1. Advent
M 4	S 4	M 4 Barbaratag (49)
D 5	S 5 ☾	D 5 ☾
F 6 ☾	M 6 (45)	M 6
S 7	D 7	D 7
S 8	M 8	F 8 Mariä Empfängnis
M 9 (41)	D 9	S 9
D 10	F 10	S 10 2. Advent
M 11	S 11	M 11 (50)
D 12	S 12	D 12
F 13	M 13 ● 10.27 (46)	M 13 ● 00.31
S 14 ● 18.54	D 14	D 14
S 15	M 15	F 15
M 16 (42)	D 16	S 16
D 17	F 17	S 17 3. Advent
M 18	S 18	M 18 (51)
D 19	S 19	D 19 ☽
F 20	M 20 ☽ (47)	M 20
S 21	D 21	D 21
S 22 ☽	M 22 Buß- und Bettag	F 22
M 23 (43)	D 23	S 23
D 24	F 24	S 24 4. Advent/Hl. Abend
M 25	S 25	M 25 1. Weihnachts-feiertag (52)
D 26 Österr. Nationalfeiertag	S 26	D 26 2. Weihnachtsfeiertag
F 27	M 27 ○ 10.14 (48)	M 27 ○ 01.32
S 28 ○ 21.23	D 28	D 28
S 29	M 29	F 29
M 30 (44)	D 30	S 30
D 31 Reformationstag		S 31 Silvester

Sommerzeit nicht berücksichtigt

Samstag

1

JANUAR

Neujahr

Element:
Feuer
Tagesqualität:
Wärme
Nahrungsqualität:
Eiweiß, Frucht
Pflanzenteil:
Frucht
Körperzone:
Oberschenkel, Venen
Organsystem:
Sinnesorgane

Schütze
abnehmender Mond

Für das Jahr 2022 wünschen wir alles Liebe und Gute!

Liebe Leserinnen und Leser,
wir danken euch für eure Treue
und hoffen, dass wir noch lange
mit unserer Arbeit für euch da sein können.

Johanna Paungger-Poppe
& Thomas Poppe

Sonntag

2

JANUAR

Berchtoldstag

Der besondere Tipp. Wie immer würdest du am heutigen Neumond deinem Körper mit einem Fastentag einen großen Gefallen tun. Viel Trinken ist allerdings Voraussetzung, damit die Entgiftung wirksam stattfinden kann. Schlacken lösen sich besonders gut, wenn du zwischen 15 und 17 Uhr viel Wasser oder Tee trinkst. In dieser Zeit arbeitet die Blase auf Hochtouren und kann gut unterstützt werden. Wenn du übrigens zu Silvester erfolglos einen guten Vorsatz gefasst hast, dann nimm heute einen neuen Anlauf. Positive Kräfte stehen dann länger zur Verfügung.

19.33

Schütze
Neumond

Element:
Feuer
Tagesqualität:
Wärme
Nahrungsqualität:
Eiweiß, Frucht
Pflanzenteil:
Frucht
Körperzone:
Oberschenkel, Venen
Organsystem:
Sinnesorgane

Element:
Erde
Tagesqualität:
Kälte
Nahrungsqualität:
Salz
Pflanzenteil:
Wurzel
Körperzone:
Knie, Knochen, Haut
Organsystem:
Kreislauf

Montag

3

JANUAR

Steinbock
zunehmender Mond

Dein persönlicher Mini-Mondkalender 2022
Eingriffe und Operationen
sind 2022 generell günstig:

vom 18.1. bis 31.1.	vom 14.7. bis 28.7.
vom 17.2. bis 2.3.	vom 12.8. bis 26.8.
vom 19.3. bis 31.3.	vom 11.9. bis 25.9.
vom 17.4. bis 30.4.	vom 10.10. bis 24.10.
vom 16.5. bis 29.5.	vom 9.11. bis 23.11.
vom 15.6. bis 28.6.	vom 8.12. bis 22.12.

Wichtig: Bitte jedoch jene Tierkreiszeichen meiden, die die Körperregion regieren, an der operiert wird! Also beispielsweise keine Kopfoperation an Widder, keine neue Hüfte an Waage usw.

Liebe Leserinnen, liebe Leser, wir haben ab jetzt für unsere Kalender die Anrede »Du« gewählt und hoffen, dass ihr damit einverstanden seid. Es fühlt sich für uns etwas ungewohnt an, aber gleichzeitig auch angemessen und sogar ein wenig befreiend. Wenn dann die große Wochenzeitung »DIE ZEIT« auch noch eine Kolumne abdruckt, die sich damit befasst, wie unhöflich das »Sie« im Internet geworden ist, dachten wir, dass es Zeit ist, euch das »Du« anzubieten. Außerdem schreiben wir seit über 30 Jahren für euch, das verbindet!

Dienstag

4

JANUAR

Element:
Erde
Tagesqualität:
Kälte
Nahrungsqualität:
Salz
Pflanzenteil:
Wurzel
Körperzone:
Knie, Knochen, Haut
Organsystem:
Kreislauf

Steinbock
zunehmender Mond

Mittwoch

5

JANUAR

Element:
Luft
Tagesqualität:
Licht
Nahrungsqualität:
Fett
Pflanzenteil:
Blüte
Körperzone:
Unterschenkel, Venen
Organsystem:
Drüsensystem

Wassermann
zunehmender Mond

Dein persönlicher Mini-Merkurkalender 2022 Die Zeiten für den rückläufigen Merkur im Jahr 2022:

14. Januar bis 3. Februar 2022
10. Mai bis 3. Juni 2022
9. September bis 2. Oktober 2022
29. Dezember 2022 bis 18. Januar 2023

Unser Tipp: In den genannten Zeiten möglichst nichts Neues beginnen, sondern Altes loslassen. Auch Vertragsabschlüsse gestalten sich im Verlauf manchmal problematisch. Stattdessen Altes und Überholtes angehen und zu Ende bringen!

Donnerstag

6

JANUAR

Hl. Drei Könige

Einfach zum Nachdenken

Die Dinge, die wir sehen, sind dieselben Dinge, die in uns sind. Es gibt keine Wirklichkeit als die, die wir in uns haben. Darum leben die meisten Menschen so unwirklich, weil sie die Bilder außerhalb für das Wirkliche halten und ihre eigene Welt in sich gar nicht zu Worte kommen lassen. Man kann glücklich dabei sein. Aber wenn man einmal das andere weiß, dann hat man die Wahl nicht mehr, den Weg der meisten zu gehen.

Hermann Hesse

Wassermann
zunehmender Mond

Element:
Luft
Tagesqualität:
Licht
Nahrungsqualität:
Fett
Pflanzenteil:
Blüte
Körperzone:
Unterschenkel, Venen
Organsystem:
Drüsensystem

Element:
Wasser
Tagesqualität:
Feuchte
Nahrungsqualität:
Kohlenhydrate
Pflanzenteil:
Blatt
Körperzone:
Füße, Zehen
Organsystem:
Nervensystem

Freitag 7 JANUAR

Der Mond – dein guter Freund in Haushalt und Alltag. Du willst die Lebensmittelvorräte auffüllen, die die Feiertage nicht überstanden haben? Vielleicht erst morgen! Heute gekaufte Lebensmittel (auch Getreide) verderben eventuell schneller. Kaufe deshalb nicht unnötig große Mengen auf Vorrat. Statt einer Einkaufstour wäre heute ein idealer Zeitpunkt, um strapazierten Füßen etwas Gutes zu tun und ihnen vielleicht ein heißes Fußbad zu gönnen. Verzichte heute, wenn möglich, aufs Haareschneiden, zumindest jedoch solltest du beim nächsten Mal bei Löwe oder Jungfrau gehen, um die negative Wirkung aufzuheben.

Fische
zunehmender Mond

Dein persönlicher Mini-Mondkalender 2022
Zahnziehen und Kieferoperationen
sind 2022 zu diesen Zeiten begünstigt:

vom 18.1. bis 31.1.
vom 17.2. bis 2.3.
vom 19.3. bis 31.3.
vom 17.4. bis 27.4.
vom 16.5. bis 24.5.
vom 15.6. bis 21.6.
am 27.6. und 28.6.
vom 14.7. bis 18.7.
vom 24.7. bis 28.7.
vom 16.9. bis 25.9.
vom 14.10. bis 24.10.
vom 10.11. bis 23.11.
vom 8.12. bis 22.12.

Samstag 8 JANUAR

Element:
Wasser
Tagesqualität:
Feuchte
Nahrungsqualität:
Kohlenhydrate
Pflanzenteil:
Blatt
Körperzone:
Füße, Zehen
Organsystem:
Nervensystem

Fische
zunehmender Mond

Sonntag

9

JANUAR

Element:
Feuer
Tagesqualität:
Wärme
Nahrungsqualität:
Eiweiß, Frucht
Pflanzenteil:
Frucht
Körperzone:
Kopfbereich bis Oberkiefer
Organsystem:
Sinnesorgane

Widder
zunehmender Mond

Einfach zum Nachdenken

Stell dir die Besatzung eines supermodernen Raumschiffs vor, die 90 Prozent ihres Verstandes eingebüßt hat. Ohne etwas zu begreifen, beginnen sie die Wandverkleidung des Raumschiffes abzureißen und ein Feuer in der Kabine zu machen, Geräte der Steuerungsanlage wegzunehmen und sich Schmuck und Spielzeug daraus zu basteln. Mit solch einer verrückten Besatzung könnte man die modernen Menschen vergleichen.

Anastasia

Montag

10

JANUAR

Gesund bleiben, gesund werden. Wir haben dich schon öfter damit bekannt gemacht: Jedes Tierkreiszeichen hat eine eigene Meditationsfarbe. An Widdertagen wäre es zum Beispiel eine gute Idee, sich die Kopfregion einige Minuten lang in indigoblaues bis weiß-bläuliches Licht eingehüllt vorzustellen. Schließe einfach die Augen, stelle dir ein Tuch in dieser Farbe vor und hülle deinen Kopf mit dem Tuch ein. Diese Form der Meditation wirkt kräftigend, ausgleichend und heilend auf Kopfregion, Augen usw. Das funktioniert auch, wenn du jemand anderen mit der Farbe gedanklich unterstützt.

Widder
zunehmender Mond

Element:
Feuer
Tagesqualität:
Wärme
Nahrungsqualität:
Eiweiß, Frucht
Pflanzenteil:
Frucht
Körperzone:
Kopfbereich bis Oberkiefer
Organsystem:
Sinnesorgane

Dienstag

11

JANUAR

Element:
Erde
Tagesqualität:
Kälte
Nahrungsqualität:
Salz
Pflanzenteil:
Wurzel
Körperzone:
Unterkiefer, Halsregion
Organsystem:
Kreislauf

Stier
zunehmender Mond

Dein persönlicher Mini-Mondkalender 2022
Zahnstein entfernen und Mundhygiene

sind im Jahr 2022 günstig:

vom 18.1. bis 31.1.
vom 17.2. bis 2.3.
vom 19.3. bis 31.3.
vom 17.4. bis 27.4.
vom 16.5. bis 24.5.
vom 15.6. bis 21.6.
am 27.6. und 28.6.
vom 14.7. bis 18.7.
vom 24.7. bis 28.7.
vom 16.9. bis 25.9.
vom 14.10. bis 24.10.
vom 10.11. bis 23.11.
vom 8.12. bis 22.12.

Unser Tipp: Bei hartnäckigem Zahnstein wären in den genannten Zeiten die Steinbocktage von Januar bis Juni 2022 besonders günstig!

Mittwoch

12

JANUAR

Aus dem Mondkalender-Einmaleins. Das Tierkreiszeichen Stier beeinflusst den Halsbereich mit Kehlkopf, Sprachorganen, Schilddrüse, Unterkiefer, Mandeln und Ohren. Was du heute für diese Region tust, wirkt doppelt wohltuend, vorbeugend und heilend, etwa ein Tee mit Huflattichblüten (die Blätter sind für den Hals wirkungslos). Was die Halsregion jetzt stärker belastet, wirkt schädlicher als an anderen Tagen – etwa das Tragen von Kleidungsstücken, die Brust und Hals weniger wärmen als Rücken und Arme. Ein seidenes Halstuch könnte vorbeugend wirken und vor Erkältung schützen.

Element:
Erde
Tagesqualität:
Kälte
Nahrungsqualität:
Salz
Pflanzenteil:
Wurzel
Körperzone:
Unterkiefer, Halsregion
Organsystem:
Kreislauf

Stier
zunehmender Mond

Donnerstag

13

JANUAR

Element:
Erde
Tagesqualität:
Kälte
Nahrungsqualität:
Salz
Pflanzenteil:
Wurzel
Körperzone:
Unterkiefer, Halsregion
Organsystem:
Kreislauf

Stier
zunehmender Mond

Rezepte für die »Alpha-Omega-Formel«. Wenn du diesen Kalender in Händen hältst, ist wahrscheinlich schon unser neues Buch *Die Alpha-Omega-Formel* erschienen. Es gibt eine natürliche Ernährungsweise, die dir Fröhlichkeit und Lebenskraft spendet, die dich gesund macht und gesund hält, die köstlich schmeckt, die wieder Lust macht aufs Kochen – allein und in der Familie. Eine Ernährungsweise für dich ganz persönlich.
Wir haben ihr den Namen »Alpha-Omega-Formel« gegeben. Einige tolle Rezepte aus diesem Buch möchten wir dir in diesem Kalender vorstellen. *(Lies morgen weiter)*

Freitag

14

JANUAR

Rezepte für die »Alpha-Omega-Formel«. Heute: Omega-Müsli. Zutaten: 1 Tasse Dinkelkörner oder Haferflocken * Ahornsirup oder Honig * gemahlene oder gehackte Mandeln * 1 kleiner, geriebener Apfel (mit Schale) * 1–2 zerdrückte Bananen * ca. 20 Rosinen * Beeren nach Saison. Und so geht's: Mit einer Flockenquetsche abends die Dinkelkörner quetschen und über Nacht in wenig Wasser einweichen (gut bedecken!). Wenig Wasser deshalb, weil du es am nächsten Morgen nicht abgießen solltest. Haferflocken brauchst du vorher nicht einzuweichen. *(Lies morgen weiter)*

Zwillinge
zunehmender Mond

Element:
Luft
Tagesqualität:
Licht
Nahrungsqualität:
Fett
Pflanzenteil:
Blüte
Körperzone:
Schultern, Arme, Hände
Organsystem:
Drüsensystem

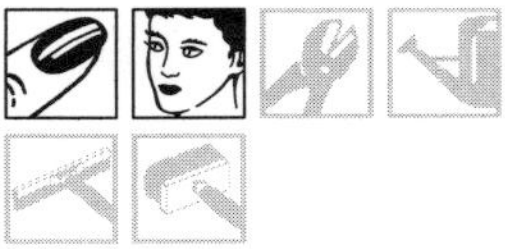

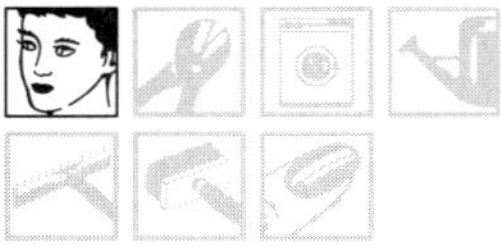

Element:
Luft
Tagesqualität:
Licht
Nahrungsqualität:
Fett
Pflanzenteil:
Blüte
Körperzone:
Schultern, Arme, Hände
Organsystem:
Drüsensystem

Samstag

15

JANUAR

(Fortsetzung von gestern) Zum Frühstück dann ganz nach Belieben Ahornsirup, Mandeln, den Apfel, Bananen und Rosinen (vielleicht vorher in ein wenig heißem Wasser aufgeweicht) mit den Dinkelflocken mischen. Das Ganze dann mit Soja- oder Mandelmilch bis zur gewünschten Konsistenz auffüllen. Die Mengen nach Gefühl und Geschmack austarieren. Fertig! DAS wäre ein Power-Frühstück für Omega-Typen! Eine Flockenquetsche ist fast ein Muss für deinen »Maschinenpark«, denn gekaufte Flocken sind zwar in Ordnung, aber die »ganze Energie steckt im ganzen Korn«. Wer keine Flockenquetsche hat, besorgt sich Dinkel- oder Haferflocken.

Zwillinge
zunehmender Mond

Sonntag

16

JANUAR

Einfach zum Nachdenken

Denn was ist Schönheit,
wenn nicht das von uns erblickte Spiegelbild
einer außerordentlichen Freude
der Natur darüber,
dass eine neue fruchtbare Möglichkeit
des Lebens entdeckt ist?

Friedrich Nietzsche

Element:
Wasser
Tagesqualität:
Feuchte
Nahrungsqualität:
Kohlenhydrate
Pflanzenteil:
Blatt
Körperzone:
Brustbereich, Lunge
Organsystem:
Nervensystem

Krebs
zunehmender Mond

Montag

17

JANUAR

Element:
Wasser
Tagesqualität:
Feuchte
Nahrungsqualität:
Kohlenhydrate
Pflanzenteil:
Blatt
Körperzone:
Brustbereich, Lunge
Organsystem:
Nervensystem

Krebs
zunehmender Mond

Der besondere Tipp. Alljährlich fällt es nach den Feiertagen vielen von uns nicht leicht, die fröhlich erworbenen Zusatzpfunde wieder loszuwerden. Wir kennen da einige Tricks, wobei besonders an Krebstagen das Ersetzen von Wurst oder Käse durch selbstgemachte Aufstriche schon ein guter Anfang wäre. Zum Beispiel so: Nimm zwei verschiedene Bio-Bohnensorten aus der Dose, addiere 2–3 EL Olivenöl, salzen, pfeffern, 1–2 Knoblauchzehen hinzufügen und dann ab damit in den Mixer. Experimentiere nach Belieben mit Kräutern. Der Aufstrich hält im Kühlschrank locker eine Woche lang.

Dienstag

18

JANUAR

Gesund bleiben, gesund werden. An Krebs ist die Erkältungsgefahr größer als sonst. Deshalb ein Tipp aus alter Zeit: Kalte Hände und das gleichzeitige Bedürfnis, sie zu wärmen, sind oft erstes Anzeichen einer Erkältung. Man könnte sie abwenden, wenn man dann die Hände mehrmals am Tag wärmt und auch die Füße warmhält. Besteht dazu keine Möglichkeit, dann am besten öfter unter fließendes heißes Wasser halten oder einen heißen Tee bestellen. Die Glühweinstände im Winter können also Gutes leisten, um Krankenstände senken zu helfen. Jedoch alkoholfrei, denn Alkohol vernebelt das Temperaturgefühl des Körpers.

00.47

Krebs
Vollmond

Element:
Wasser
Tagesqualität:
Feuchte
Nahrungsqualität:
Kohlenhydrate
Pflanzenteil:
Blatt
Körperzone:
Brustbereich, Lunge
Organsystem:
Nervensystem

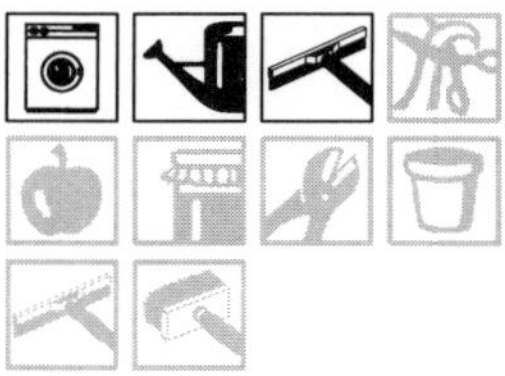

Mittwoch 19 JANUAR

Element:
Feuer
Tagesqualität:
Wärme
Nahrungsqualität:
Eiweiß, Frucht
Pflanzenteil:
Frucht
Körperzone:
Herzregion, Kreislauf
Organsystem:
Sinnesorgane

Löwe
abnehmender Mond

Ein Paungger-Poppe-Spezialservice! Im Laufe der Jahrzehnte haben wir unseren LeserInnen immer wieder einmal besondere Texte und Tipp-Sammlungen angeboten – vom Backrezept über den »Inhalt unserer Hausapotheke« bis zur Erklärung zu den Kalenderunterschieden. So beliebt waren diese Angebote, dass wir uns entschieden haben, euch diesen Service leichter zugänglich zu machen. Geht einfach auf unsere Website www.paungger-poppe.com und klickt unter »Service« den Menüpunkt »Texte & Tools« an. Nach Anmeldung zu unserem Newsletter stehen dir über 200 Seiten Tipps und Tricks und Besonderheiten aus unserer Werkstatt kostenlos (als PDF mit 7 MB) zur Verfügung.

Donnerstag 20 JANUAR

Dein persönlicher Mini-Mondkalender 2022
Problemwäsche waschen
ist im Jahr 2022 generell günstig:

vom 18.1. bis 31.1.
vom 17.2. bis 2.3.
vom 19.3. bis 31.3.
vom 17.4. bis 30.4.
vom 16.5. bis 29.5.
vom 15.6. bis 28.6.
vom 14.7. bis 28.7.
vom 12.8. bis 26.8.
vom 11.9. bis 25.9.
vom 10.10. bis 24.10.
vom 9.11. bis 23.11.
vom 8.12. bis 22.12.

Sehr günstig sind in den genannten Zeiten die Wassertage (Krebs, Skorpion, Fische)!

Element:
Feuer
Tagesqualität:
Wärme
Nahrungsqualität:
Eiweiß, Frucht
Pflanzenteil:
Frucht
Körperzone:
Herzregion, Kreislauf
Organsystem:
Sinnesorgane

Löwe
abnehmender Mond

Freitag

21

JANUAR

Element:
Erde
Tagesqualität:
Kälte
Nahrungsqualität:
Salz
Pflanzenteil:
Wurzel
Körperzone:
Verdauungsorgane
Organsystem:
Kreislauf

Jungfrau
abnehmender Mond

Von der Heilkraft der Gewürze: Bockshornklee. Dieses Gewürz haben wir erst so richtig – zusammen mit Schabzigerklee – als feines Brotgewürz in Südtirol kennengelernt. In der indischen Küche finden sowohl die Samen als auch die frischen oder getrockneten Blätter Verwendung in zahlreichen Variationen. Als Aufguss ist er vor allem in China, Indien und Tibet bekannt. Er wird dort als Hustenmittel und zur Reinigung der Atemwege eingesetzt.

Samstag

22

JANUAR

Schön sein, schön bleiben. Ein gutes Gewebestrafföl aus der Naturkosmetik würde heute im Bauch- und Magenbereich besonders intensiv und lang anhaltend wirken. Das gilt generell für die Jungfrautage mit ihrem Einfluss auf die Bauchregion. Was den seelischen Grundton dieses Tages betrifft: Heute neigt alles dazu, sich in Extremen zu verlieren, sowohl positiv wie negativ. Sich bewusst dafür zu entscheiden, positiv an die Dinge heranzugehen, wäre heute wichtig. So gesehen würde es nicht nur dem Körper, sondern auch der Seele guttun, einmal einen Tag lang zu fasten. Ein gutes Gewebestrafföl gibt's übrigens bei uns: www.paungger-poppe.com

Jungfrau
abnehmender Mond

Element:
Erde
Tagesqualität:
Kälte
Nahrungsqualität:
Salz
Pflanzenteil:
Wurzel
Körperzone:
Verdauungsorgane
Organsystem:
Kreislauf

Element:
Luft
Tagesqualität:
Licht
Nahrungsqualität:
Fett
Pflanzenteil:
Blüte
Körperzone:
Hüfte, Nieren, Blase
Organsystem:
Drüsensystem

Sonntag

23

JANUAR

Einfach zum Nachdenken

Die vier Gesetze der Ökologie:
* Alles ist mit allem verbunden.
* Alles muss irgendwohin.
* Die Natur weiß es am besten.
* »Kostenlos« – das existiert nicht.

Barry Commoner

Waage
abnehmender Mond

Der besondere Tipp. In unseren Büchern und Kalendern lernst du auch Naturrhythmen kennen, die vom Mondstand nicht beeinflusst sind, zum Beispiel den Tagesrhythmus der Organe. Wer etwa in den beiden Stunden der »allgemeinen Energiesammlung« zwischen 21 und 23 Uhr anfällig gegen Kälte ist, wer gar nur in einem geheizten Raum einschlafen kann, sollte dieses Körpersignal nicht übersehen. Irgendein körperliches oder seelisches Gleichgewicht ist aus den Fugen und bedarf der Aufmerksamkeit. In dieser Zeit wünscht sich der Körper Entspannung und Regeneration.

Montag

24

JANUAR

Element:
Luft
Tagesqualität:
Licht
Nahrungsqualität:
Fett
Pflanzenteil:
Blüte
Körperzone:
Hüfte, Nieren, Blase
Organsystem:
Drüsensystem

Waage
abnehmender Mond

Dienstag

25

JANUAR

Element:
Luft
Tagesqualität:
Licht
Nahrungsqualität:
Fett
Pflanzenteil:
Blüte
Körperzone:
Hüfte, Nieren, Blase
Organsystem:
Drüsensystem

Waage
abnehmender Mond

Schön sein, schön bleiben. Zur Erinnerung, wenn du heute ausgehst: An Lichttagen (Zwillinge, Waage, Wassermann) hat das Hautfett besondere Eigenschaften, die eine raue Behandlung nicht so leicht verzeihen. Deshalb solltest du gerade an solchen Tagen unreine Haut nicht an der Oberfläche bekämpfen, indem du beispielsweise das Gesicht mit alkoholhaltigen Wässerchen abreibst – auch nicht bei generell fettender Haut! Also nur mit Naturkosmetik arbeiten. Lieber auf lange Sicht nicht das Symptom bekämpfen, sondern die Ursache. Gesunde biologische Ernährung ist immer noch die beste Vorsorge für schöne Haut.

Mittwoch

26

JANUAR

Gesund bleiben, gesund werden. Wenn du mit deinen Essgewohnheiten unzufrieden bist, weil du dich nach dem Essen träge und müde fühlst, dann probiere es für den Anfang einmal mit der alten Regel: Mittwochs und freitags kein Fleisch! Völlig unabhängig von religiösen Vorschriften wäre es sehr gesund, sich daran zu halten. Und es ist wahr: Viele kleine Maßnahmen zur Gesundheitsvorsorge ergeben zusammengenommen eine starke Wirkung und ein kräftiges Immunsystem. Viele Mini-Sünden gegen den Körper schwächen ihn im Laufe von Jahren, viele kleine Schritte in Richtung gesundes Leben bauen ihn wieder auf.

Skorpion
abnehmender Mond

Element:
Wasser
Tagesqualität:
Feuchte
Nahrungsqualität:
Kohlenhydrate
Pflanzenteil:
Blatt
Körperzone:
Geschlechtsorgane
Organsystem:
Nervensystem

Element:
Wasser
Tagesqualität:
Feuchte
Nahrungsqualität:
Kohlenhydrate
Pflanzenteil:
Blatt
Körperzone:
Geschlechtsorgane
Organsystem:
Nervensystem

Donnerstag

27

JANUAR

Skorpion
abnehmender Mond

Dein persönlicher Mini-Mondkalender 2022
Haareschneiden
ist im Jahr 2022 sehr günstig:

vom 19.1. bis 22.1.
vom 15.2. bis 19.2.
vom 14.3. bis 18.3.
vom 11.4. bis 14.4.
vom 8.5. bis 12.5.
vom 4.6. bis 8.6.
vom 2.7. bis 5.7.
vom 29.7. bis 2.8.
vom 25.8. bis 29.8.
vom 21.9. bis 25.9.
vom 19.10. bis. 23.10.
vom 15.11. bis 19.11.
vom 12.12. bis 16.12.

Unser Tipp: Wie immer ist Jungfrau ideal geeignet für das gute Styling, für Dauerwellen und den schnellen Übergang von Kurz- zu Langhaarfrisuren.

Moon Power für Garten, Feld und Wald. Heute und morgen bringt der Mond wieder die letzte Möglichkeit für den Winterschnitt an Obstbäumen! Wenn du den richtigen Zeitpunkt wählst, verliert der Baum keine Kraft, die Fruchtbildung wird auf natürliche Weise angeregt. In manchen Gegenden ist ein Winterschnitt üblich, manche Pflanzen erfordern jedoch einen Schnitt gleich nach der Ernte. Ausführlich steht's in unserem Buch *Der lebendige Garten*. Wir erzählen darin auch, warum wir keine Freunde des Ausschneidens von Obstbäumen sind. Bäume wissen selbst ganz gut, was ihnen guttut und was nicht.

Freitag

28

JANUAR

Element:
Feuer
Tagesqualität:
Wärme
Nahrungsqualität:
Eiweiß, Frucht
Pflanzenteil:
Frucht
Körperzone:
Oberschenkel, Venen
Organsystem:
Sinnesorgane

Schütze
abnehmender Mond

Samstag

29

JANUAR

Element:
Feuer
Tagesqualität:
Wärme
Nahrungsqualität:
Eiweiß, Frucht
Pflanzenteil:
Frucht
Körperzone:
Oberschenkel, Venen
Organsystem:
Sinnesorgane

Schütze
abnehmender Mond

Von der Heilkraft der Gewürze: Anis-Samen. Zwar nicht jedermanns Sache, aber Anis ist aus der Küche kaum wegzudenken – vom Brotgewürz bis zum Duft- und Geschmacksanteil von Weihnachtsgebäck. Seine Verwendung war schon im 16. Jahrhundert v. Chr. üblich, als man auf Kreta die Weine mit Koriander, Wacholder, Dost und Anis würzte. Anis, Fenchel und Kümmel machen Brot aromatisch und leicht verdaulich und helfen als Tee bei Verdauungsbeschwerden, Blähungen, Koliken und Krämpfen.

Sonntag

30

JANUAR

Einfach zum Nachdenken – zum Thema gute Erziehungsmethoden

Jeder ist ein Genie.
Aber wenn du einen Fisch danach beurteilst,
ob er auf einen Baum klettern kann,
wird er sein ganzes Leben glauben,
er sei dumm.

Albert Einstein

Steibock
abnehmender Mond

Element:
Erde
Tagesqualität:
Kälte
Nahrungsqualität:
Salz
Pflanzenteil:
Wurzel
Körperzone:
Knie, Knochen, Haut
Organsystem:
Kreislauf

Element:
Erde
Tagesqualität:
Kälte
Nahrungsqualität:
Salz
Pflanzenteil:
Wurzel
Körperzone:
Knie, Knochen, Haut
Organsystem:
Kreislauf

Montag

31

JANUAR

Steinbock
abnehmender Mond

Rezepte für die »Alpha-Omega-Formel«. Heute: Alpha-Müsli. Zutaten: 1 Tasse Dinkelkörner, zu Flocken gequetscht und über Nacht eingeweicht * etwas Ahornsirup * wenig gemahlene oder gehackte Mandeln * 2 geriebene Äpfel (mit Schale) * 1 kleine zerdrückte Banane (nur wenn du nicht darauf verzichten kannst) * kleine Schale Rosinen. Und so geht's: Abends mit einer Flockenquetsche die Dinkelkörner quetschen und über Nacht in wenig Wasser einweichen (gut bedecken!). Wenig Wasser, weil man es am Morgen nicht abgießen sollte. *(Lies morgen weiter)*

Dienstag

1

FEBRUAR

(Fortsetzung von gestern) Morgens dann Ahornsirup, Mandeln, die Äpfel, nach Wunsch die zerdrückte Banane und die Rosinen (vielleicht vorher in ein wenig heißem Wasser aufgeweicht) mit den Dinkelflocken mischen. Das Ganze auch hier nach Gefühl mit Bio-Soja- oder Mandelmilch auffüllen. Und der Tag kann kommen! Du bist ein Alpha-Typ? Experimentiere mit den Sirup- und Mandelmengen, bis du damit zufrieden bist. Auch Birnen machen sich gut in diesem Müsli, ebenso sämtliche Beeren in Saison. *Und nicht vergessen: Der morgige »Lichtmess«-Tag ist einer der besten Tage im Jahr für einen Neuanfang, auf welchem Gebiet auch immer.*

Element:
Luft
Tagesqualität:
Licht
Nahrungsqualität:
Fett
Pflanzenteil:
Blüte
Körperzone:
Unterschenkel, Venen
Organsystem:
Drüsensystem

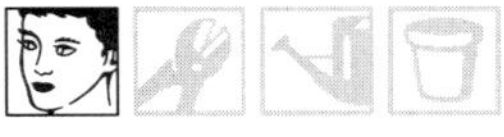

0€.45

Wassermann
Neumond

Mittwoch

2

FEBRUAR

Element:
Luft
Tagesqualität:
Licht
Nahrungsqualität:
Fett
Pflanzenteil:
Blüte
Körperzone:
Unterschenkel, Venen
Organsystem:
Drüsensystem

Wassermann
zunehmender Mond

Einfach zum Nachdenken

Arme, herrliche Seele, wo du bist, da ist Revolution,
ist Bruch mit Verkommenem, ist neues Leben,
ist Gott, Seele ist Liebe,
Seele ist Zukunft und alles andere ist nur Ding,
nur Stoff, nur Hindernis,
um unsere göttliche Kraft im Formen und im Zerbrechen
daran zu üben.

Hermann Hesse

Donnerstag

3

FEBRUAR

Dein persönlicher Mini-Mondkalender 2022

Fensterputzen
ist im Jahr 2022 günstig:

vom 18.1. bis 31.1.	vom 14.7. bis 28.7.
vom 17.2. bis 2.3.	vom 12.8. bis 26.8.
vom 19.3. bis 31.3.	vom 11.9. bis 25.9.
vom 17.4. bis 30.4.	vom 10.10. bis 24.10.
vom 16.5. bis 29.5.	vom 9.11. bis 23.11.
vom 15.6. bis 28.6.	vom 8.12. bis 22.12.

Sehr günstig ist das Fensterputzen, wenn in den genannten Zeiten der Mond gleichzeitig in einem Luft- oder Wasserzeichen steht. Wasserzeichen sind besonders günstig, wenn gleichzeitig der Rahmen mit gesäubert werden soll.

Fische
zunehmender Mond

Element:
Wasser
Tagesqualität:
Feuchte
Nahrungsqualität:
Kohlenhydrate
Pflanzenteil:
Blatt
Körperzone:
Füße, Zehen
Organsystem:
Nervensystem

Element:
Wasser
Tagesqualität:
Feuchte
Nahrungsqualität:
Kohlenhydrate
Pflanzenteil:
Blatt
Körperzone:
Füße, Zehen
Organsystem:
Nervensystem

Freitag 4 FEBRUAR

Von der Heilkraft der Gewürze: Ingwer. Er hat vielfältige Anwendungsmöglichkeiten: pur und in Mischungen, frisch, eingelegt, getrocknet, gemahlen für Currys, Chutneys, Marmeladen, Soßen, kandierte Früchte. Auch Lebkuchen, Milchreis, Obstsalat, Tee und fruchtige Kaltschalen werden mit gemahlenem Ingwer verfeinert. Es lohnt sich, mit dieser exotischen Wurzel zu experimentieren! Auch die Liste der Heilwirkungen ist lang, bis hin zu Seefahrern, die auf die Wirkung von Ingwer gegen die Seekrankheit schwören!

Fische
zunehmender Mond

Samstag 5 FEBRUAR

Moon Power für Garten, Feld und Wald. Du blickst in den eigenen Garten hinaus und freust dich schon auf die Saison in Harmonie mit dem Mondkalender, obwohl noch Schnee und Reif liegen? Gut geplant ist halb gewonnen! Denk jetzt schon in Ruhe darüber nach, ob folgende Dinge in deinem Garten einen sinnvollen Platz haben: schöne Steine fürs Auge, Reisighaufen als Quartier für Kleingetier, Holz zum Bauen, Gartengeräte, Ruheplatz, Hängematte, Leseecke, windgeschützter Sitzplatz. All das braucht ein Garten, wenn er mehr sein soll als nur Schaufenster oder Aushängeschild für Gäste.

Element:
Feuer
Tagesqualität:
Wärme
Nahrungsqualität:
Eiweiß, Frucht
Pflanzenteil:
Frucht
Körperzone:
Kopfbereich bis Oberkiefer
Organsystem:
Sinnesorgane

Widder
zunehmender Mond

Sonntag

6

FEBRUAR

Element:
Feuer
Tagesqualität:
Wärme
Nahrungsqualität:
Eiweiß, Frucht
Pflanzenteil:
Frucht
Körperzone:
Kopfbereich bis Oberkiefer
Organsystem:
Sinnesorgane

Widder
zunehmender Mond

Einfach zum Nachdenken

Ein Mann vermisste eines Tages seine beste Bohrmaschine und hatte sofort den Sohn des Nachbarn in Verdacht. Als er ihn von Weitem sah, dachte er voll Zorn: »Ja, genau! Er sieht aus wie ein Dieb, bewegt sich wie ein Dieb und spricht wie ein Dieb!«
Beim Zurückgehen in die Werkstatt stieß er an eine Werkzeugkiste und fand darin die Bohrmaschine. Als er den Nachbarsjungen das nächste Mal von Weitem sah, bewegte jener sich wie jeder andere Teenager, sah aus wie jeder andere Teenager und sprach wie jeder andere Teenager.

Montag

7

FEBRUAR

Der besondere Tipp. In unserem Buch *Das Tiroler Zahlenrad* machen wir dich mit der besonderen Kraft der Zahlen deines Geburtsdatums bekannt, aber auch des aktuellen Datums. Zum Beispiel heute: Gehörst du zu den eher zurückhaltenden Menschen? Heute dürftest du damit weniger Probleme haben als sonst. Die Durchsetzungskraft wächst. Allerdings sind auch andere Menschen temperamentvoller als sonst. Die Zahlen des heutigen Tages (der »Süden« mit 2 und 7) fördern jedenfalls alles Feurige. Wer dazu neigt, schnell fiebrig zu werden, sollte darauf achten, heute genug zu trinken.

Stier
zunehmender Mond

Element:
Erde
Tagesqualität:
Kälte
Nahrungsqualität:
Salz
Pflanzenteil:
Wurzel
Körperzone:
Unterkiefer, Halsregion
Organsystem:
Kreislauf

Element:
Erde
Tagesqualität:
Kälte
Nahrungsqualität:
Salz
Pflanzenteil:
Wurzel
Körperzone:
Unterkiefer, Halsregion
Organsystem:
Kreislauf

Dienstag
8
FEBRUAR

Gesund bleiben, gesund werden. Heute: eine sanfte Mondgymnastik für die Stiertage, speziell für Bildschirm-Berufe. Falte die Hände hinter dem Kopf, nicht im Nacken, sondern weiter oben. Lass dabei die Ellbogen entspannt herunterhängen. Und nun erlaube dem Gewicht deiner Hände und Arme, den Kopf nach vorn sinken zu lassen, bis es nicht mehr weitergeht. So lange, bis der Nacken gedehnt ist und du fühlst, wie die Halswirbelsäule aufwacht und die Energien aus der unteren Wirbelsäule aufgenommen werden. Wiederhole diese Bewegung mindestens zweimal – jeweils sieben Sekunden lang.

Stier
zunehmender Mond

Dein persönlicher Mini-Mondkalender 2022
Permanent-Make-up und Tattoos
sind im Jahr 2022 günstig:

vom 18.1. bis 31.1.	vom 14.7. bis 28.7.
vom 17.2. bis 2.3.	vom 12.8. bis 26.8.
vom 19.3. bis 31.3.	vom 11.9. bis 25.9.
vom 17.4. bis 30.4.	vom 10.10. bis 24.10.
vom 16.5. bis 29.5.	vom 9.11. bis 23.11.
vom 15.6. bis 28.6.	vom 8.12. bis 22.12.

Bitte in den genannten Zeiten sicherheitshalber das Tierkreiszeichen Steinbock auslassen, weil es die Haut regiert.

Mittwoch
9
FEBRUAR

Element:
Erde
Tagesqualität:
Kälte
Nahrungsqualität:
Salz
Pflanzenteil:
Wurzel
Körperzone:
Unterkiefer, Halsregion
Organsystem:
Kreislauf

Stier
zunehmender Mond

Donnerstag

10

FEBRUAR

Element:
Luft
Tagesqualität:
Licht
Nahrungsqualität:
Fett
Pflanzenteil:
Blüte
Körperzone:
Schultern, Arme, Hände
Organsystem:
Drüsensystem

Zwillinge
zunehmender Mond

Der Mond – dein guter Freund in Haushalt und Alltag. Willst du einen Vorrats- oder Stauraum vor Ungeziefer schützen, dann lagere darin Zirbenholzspäne in einer Schale oder in einem Waschnetz. Am intensivsten wirkt diese einfache Maßnahme, wenn die Späne bei zunehmendem Mond an einem Blütentag (Zwillinge, Waage, Wassermann) ausgelegt werden, also beispielsweise heute und morgen. Auch Farnblätter eignen sich als Unterlage. Sollte sich das Lager schon anfällig zeigen, dann wäre der abnehmende Mond günstig, um auszusortieren. Meide auf jeden Fall Jungfrau, das würde die Fäulnis beschleunigen.

Freitag

11

FEBRUAR

Von der Heilkraft der Gewürze: Zitronengras. Der Geschmack von Zitronengras ist frisch und zitronenartig mit einem Hauch von Rosenduft. Mittlerweile ist es auch bei uns in guter Qualität erhältlich. Die schilfartigen grünen Pflanzenteile, insbesondere die saftigen Halme und die Basis der Blätter, werden vor allem frisch in der Küche als Gewürz verwendet. Zitronengras verleiht Kräuterteemischungen eine exotische Note. Es hat aufgrund seiner reinigenden Wirkung einen positiven Effekt bei Akne-Erkrankungen oder Rheuma, wirkt Fieber senkend und stärkend auf das Immunsystem bei Infektionen und Hautkrankheiten.

Zwillinge
zunehmender Mond

Element:
Luft
Tagesqualität:
Licht
Nahrungsqualität:
Fett
Pflanzenteil:
Blüte
Körperzone:
Schultern, Arme, Hände
Organsystem:
Drüsensystem

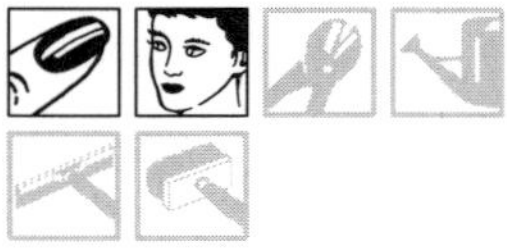

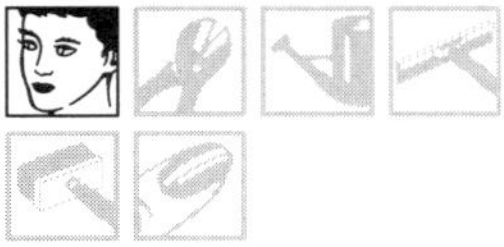

Element:
Luft
Tagesqualität:
Licht
Nahrungsqualität:
Fett
Pflanzenteil:
Blüte
Körperzone:
Schultern, Arme, Hände
Organsystem:
Drüsensystem

Samstag

12

FEBRUAR

Moon Power für Garten, Feld und Wald. Ein Tipp für den Jahresgartenplan, den sich viele LeserInnen ja gerne in den ruhigeren Wintermonaten erstellen: Möchtest du in diesem Jahr einen kleinen Obstgarten neu anpflanzen, dann solltest du eine einfache Regel beherzigen: Immer zuerst Steinobstbäume (Pfirsich, Aprikose, Kirsche usw.) pflanzen und erst nach einigen Jahren das Kernobst (Äpfel, Birnen). Steinobst lockert den Boden und bietet dem empfindlicheren Kernobst Schutz, es braucht und verträgt selbst viel Sonne. Obstbäume sind eine wunderbare Sache für Jung und Alt, frei Haus erhältst du eine wirklich verlässliche Bio-Garantie!

Zwillinge
zunehmender Mond

Einfach zum Nachdenken

Eines schönen Morgens wollte ein Zen-Meister vor seinen Schülern sprechen. Gerade als er anfangen wollte, kam ein kleiner Vogel und ließ sich auf der Fensterbank nieder. Dort begann er zu singen und bezauberte seine Zuhörerschaft. Nachdem der Vogel geendet hatte, erklärte der Meister seinen Schülern: »Das wäre für heute, was ich sagen wollte.« »Hattet Ihr nicht eine Rede vorbereitet?«, fragte ein Schüler. Der Meister antwortete: »Wozu den Köder auswerfen, wenn der Fisch schon ins Boot gehüpft ist?«

Sonntag

13

FEBRUAR

Element:
Wasser
Tagesqualität:
Feuchte
Nahrungsqualität:
Kohlenhydrate
Pflanzenteil:
Blatt
Körperzone:
Brustbereich, Lunge
Organsystem:
Nervensystem

Krebs
zunehmender Mond

Montag

14

FEBRUAR

Valentinstag

Element:
Wasser
Tagesqualität:
Feuchte
Nahrungsqualität:
Kohlenhydrate
Pflanzenteil:
Blatt
Körperzone:
Brustbereich, Lunge
Organsystem:
Nervensystem

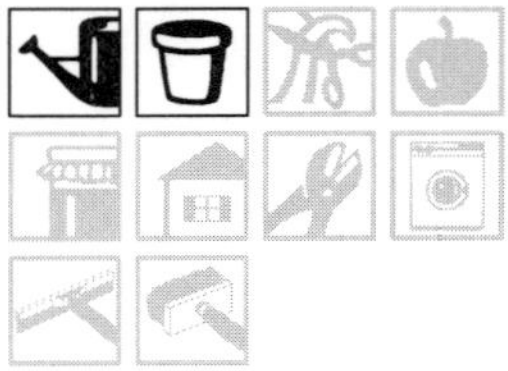

Krebs
zunehmender Mond

Einfach zum Nachdenken

Am Valentinstag diskutierte eine Gruppe von Zen-Schülern darüber, ob Liebe und Zen-Meditation vereinbar seien. »Das ist ausgeschlossen«, sagte ein Schüler. »Wir wissen doch alle, dass Liebe blind macht.« Das hörte der Meister und sagte zu seinem Schüler: »Liebe macht nicht blind – ja, es gibt sogar nichts Hellsichtigeres als Liebe. Was blind macht, ist die Anhaftung, nicht die Liebe.« »Was ist denn Anhaftung?«, wollte ein neuer Schüler wissen. *(Lies morgen weiter)*

Dienstag

15

FEBRUAR

(Fortsetzung von gestern) »Ein Zustand des Anklammerns, der aus dem Irrtum heraus entsteht, dass man etwas oder jemanden braucht, um glücklich zu sein.« »Das ist ja interessant«, bemerkte der neue Schüler. »Im Westen sind wir davon überzeugt, dass Liebe und Anhaftung zusammengehören. Wie kann man denn sagen, man liebt jemanden, wenn man keine Anhaftung empfindet?« »Ah«, antwortete der Meister, »genau da liegt das Problem! Die Frage lautet genau umgekehrt: Wie kann man denn einen Menschen lieben, wenn man ihm anhaftet? Es ist noch keinem Menschen gelungen, seine Sucht zu lieben. Wer wirklich lieben will, muss das Nichtanhaften üben.«

Löwe
zunehmender Mond

Element:
Feuer
Tagesqualität:
Wärme
Nahrungsqualität:
Eiweiß, Frucht
Pflanzenteil:
Frucht
Körperzone:
Herzregion, Kreislauf
Organsystem:
Sinnesorgane

Element:
Feuer
Tagesqualität:
Wärme
Nahrungsqualität:
Eiweiß, Frucht
Pflanzenteil:
Frucht
Körperzone:
Herzregion, Kreislauf
Organsystem:
Sinnesorgane

Mittwoch
16
FEBRUAR

17 56

Löwe
Vollmond

Schön sein, schön bleiben. Gehst du heute Abend zu einem der vielen Faschingsbälle? Da würde natürlich ein neuer Haarschnitt die Vorfreude noch erhöhen. Löwe ist ja immer ein idealer Tag für eine neue Frisur. Solltest du auf die Schnelle keinen Termin mehr bekommen, würde es genügen, nur die Spitzen zu schneiden, um die Löwe-Energie zu nutzen. Feste, starke Haare werden allerdings manchmal zu kraus an Löwe, Jungfrau (ab morgen) wäre dann die bessere Wahl. Ein Tipp, wenn du schnell zu einer Langhaarfrisur kommen willst: Immer an Jungfrau schneiden.

Dein persönlicher Mini-Mondkalender 2022
ACHTUNG! Sonnenbaden
(auch Solariumsbesuch!) ist 2022 sehr ungünstig:

vom 16. bis 18.1.	vom 26. bis 28.7.
am 13. und 14.2.	am 23. und 24.8.
am 12. und 13.3.	am 19. und 20.9.
am 8. und 9.4.	vom 16. bis 18.10.
am 6. und 7.5.	am 13. und 14.11.
am 2. und 3.6.	am 10. und 11.12.
vom 29.6 bis 1.7.	

Schatten wäre an den genannten Tagen der beste Sonnenschutz!

Donnerstag
17
FEBRUAR

Element:
Erde
Tagesqualität:
Kälte
Nahrungsqualität:
Salz
Pflanzenteil:
Wurzel
Körperzone:
Verdauungsorgane
Organsystem:
Kreislauf

Jungfrau
abnehmender Mond

Freitag

18

FEBRUAR

Element:
Erde
Tagesqualität:
Kälte
Nahrungsqualität:
Salz
Pflanzenteil:
Wurzel
Körperzone:
Verdauungsorgane
Organsystem:
Kreislauf

Jungfrau
abnehmender Mond

Rezepte für die »Alpha-Omega-Formel«. Heute: Spargelcreme-Suppe. Zutaten: 2 Zwiebeln, gehackt * 500 g grüner oder weißer Spargel, geschält, in größere Stücke geschnitten, die Spitzen separat aufheben. * ¾ Liter Gemüsebrühe * 100 ml Soja-Sahne oder Hafer-»Cuisine« * Salz, Pfeffer * Muskat * Schnittlauch oder Koriandergrün, gehackt * Ein Schuss Tamari-Sojasauce. Und so geht's: Einen Topf mit Öl aufstellen und die Zwiebeln darin angeschwitzt bis gebräunt anbraten. Mit etwas Tamari ablöschen und die Gemüsebrühe und Spargel mitsamt den Spitzen zugeben. Etwa 10–15 min köcheln lassen, bis der Spargel weich ist. *(Lies morgen weiter)*

Samstag

19

FEBRUAR

(Fortsetzung von gestern) Die Spargelspitzen mit einem Löffel rausfischen und kurz beiseitestellen. Jetzt mit dem Stabmixer gründlich pürieren (oder gleich im Mixer, dann aber vorher kurz abkühlen lassen!). Mit Muskat abschmecken, Pflanzen-Sahne zugeben und umrühren, eventuell nachwürzen, die Spargelspitzen zugeben und mit Schnittlauch oder Koriandergrün bestreut servieren. Mixgefäß und Deckel immer mit einem Topflappen anfassen, wenn du heiße Suppen pürierst! Etwas Abkühlen ist wichtig, weil dir sonst die Suppe um die Ohren fliegt. Den Spargel solltest du gut schälen, weil sonst die Fasern beim Essen genauso wenig Spaß machen wie Fischgräten.

Jungfrau
abnehmender Mond

Element:
Erde
Tagesqualität:
Kälte
Nahrungsqualität:
Salz
Pflanzenteil:
Wurzel
Körperzone:
Verdauungsorgane
Organsystem:
Kreislauf

Element:
Luft
Tagesqualität:
Licht
Nahrungsqualität:
Fett
Pflanzenteil:
Blüte
Körperzone:
Hüfte, Nieren, Blase
Organsystem:
Drüsensystem

Sonntag

20

FEBRUAR

Einfach zum Nachdenken – aus der Serie: Was uns eine Sonntagspredigt nur selten zu Gehör bringt.

Wenn jemand nach einem Bischofsamt trachtet, so begehrt er ein schönes Werk. Der Bischof nun muss untadelig sein, **Mann einer Frau**, nüchtern, besonnen, sittsam, lehrfähig, kein Trinker, kein Schläger, sondern gütig, nicht streitsüchtig, nicht geldliebend, der dem eigenen Haus gut vorsteht und die Kinder mit aller Ehrbarkeit in Unterordnung hält. Wenn aber jemand dem eigenen Haus nicht vorzustehen weiß, wie wird er für die Gemeinde Gottes sorgen?

1. Brief an Timotheus 3,1 bis 3,5

Waage
abnehmender Mond

Der Mond – dein guter Freund in Haushalt und Alltag. Es lebt sich wirklich leichter in Harmonie mit den Mondrhythmen! Heute zum Beispiel ist wieder ein guter Tag, um einige Worte zum Thema Waschen, Putzen und Reinigen zu verlieren. Viele machen sich jetzt Gedanken, wann wohl die beste Zeit für den Frühjahrsputz ist. Bis zum 2. März herrscht abnehmender Mond, und das ist die ideale Zeit für jede Form der Reinigungsarbeit. Der Unterschied ist gravierend: Bei abnehmendem Mond geht alles leichter von der Hand, weniger Wasch- und Reinigungsmittel wird gebraucht, und der Erfolg ist langfristiger, besonders beim Fensterputzen.

Montag

21

FEBRUAR

Element:
Luft
Tagesqualität:
Licht
Nahrungsqualität:
Fett
Pflanzenteil:
Blüte
Körperzone:
Hüfte, Nieren, Blase
Organsystem:
Drüsensystem

Waage
abnehmender Mond

Dienstag

22

FEBRUAR

Element:
Wasser
Tagesqualität:
Feuchte
Nahrungsqualität:
Kohlenhydrate
Pflanzenteil:
Blatt
Körperzone:
Geschlechtsorgane
Organsystem:
Nervensystem

Skorpion
abnehmender Mond

Anekdoten – gut gewürzt. Eines Tages wurde Thomas Alva Edison von einem Laien gefragt, ob er ihm ohne Fachausdrücke die Funktionsweise der drahtlosen Telegrafie erklären könne. »Das ist ganz einfach«, sagte Edison. »Stellen Sie sich vor, ein Dackel wäre so lang, dass er von New York bis nach London reicht. Wenn Sie ihn in New York in den Schwanz kneifen, so jault er in London. Das ist Telegrafie. Und drahtlose Telegrafie ist dasselbe ohne Dackel.«

Mittwoch

23

FEBRUAR

Gesund bleiben, gesund werden. Skorpiontage geben immer Anlass, unseren LeserInnen ein paar besondere Tipps und Zusammenhänge nahe zu bringen. Schwangere beispielsweise sollten an Skorpiontagen unbedingt auf größere Anstrengungen verzichten, weil die Gefahr von Fehlgeburten größer ist. Bei stärkeren Menstruationsbeschwerden sollte man während der Periode möglichst auf Orangensaft verzichten. Orangensaft wirkt stark zusammenziehend. Falls du wegen des Vitamin C nicht auf Orangen verzichten willst: Vitamin C ist in vielen anderen Gemüsen und Früchten enthalten, besonders viel in Wildkräutern!

Skorpion
abnehmender Mond

Element:
Wasser
Tagesqualität:
Feuchte
Nahrungsqualität:
Kohlenhydrate
Pflanzenteil:
Blatt
Körperzone:
Geschlechtsorgane
Organsystem:
Nervensystem

Element:
Feuer
Tagesqualität:
Wärme
Nahrungsqualität:
Eiweiß, Frucht
Pflanzenteil:
Frucht
Körperzone:
Oberschenkel, Venen
Organsystem:
Sinnesorgane

Donnerstag
24
FEBRUAR

Schütze
abnehmender Mond

Gesund bleiben, gesund werden. Aus dem Mondkalender-Einmaleins: Die »Nahrungsqualität« des Mondstandes im Tierkreis. Der Lauf des Mondes durch die Tierkreiszeichen ist vergleichbar mit dem Kreisen eines Uhrzeigers, der in zwei- bis dreitägigem Abstand wechselnde Impulse anzeigt, die auf unsere Nahrungsmittel wirken und die Fähigkeit des Körpers beeinflussen, diese Nahrung optimal zu verwerten. Das harmonische Zusammenspiel zwischen Nahrung und Körper ist also auch abhängig vom Zeitpunkt der Mahlzeit. Im Laufe des Jahres werden wir dich immer wieder einmal an diese Zusammenhänge erinnern.

Freitag
25
FEBRUAR

Von der Heilkraft der Gewürze: Basilikum. In der südeuropäischen, besonders der italienischen Küche eines der meistverwendeten Gewürze. Nimm, wenn möglich, die frischen grünen Blätter, denn getrocknet verliert Basilikum viel von seinem ätherischen Öl. Das feine Aroma der Blätter passt hervorragend zu Tomatengerichten. Basilikum ist fast immer Bestandteil von Pesto Genovese und unverzichtbar für die traditionelle neapolitanische Pizza. In unserer Region wird auch ein köstlicher Basilikum-Sirup hergestellt. Seit dem Altertum wird Basilikum auch in der Heilkunde verwendet.

Element:
Feuer
Tagesqualität:
Wärme
Nahrungsqualität:
Eiweiß, Frucht
Pflanzenteil:
Frucht
Körperzone:
Oberschenkel, Venen
Organsystem:
Sinnesorgane

Schütze
abnehmender Mond

Samstag

26

FEBRUAR

Element:
Erde
Tagesqualität:
Kälte
Nahrungsqualität:
Salz
Pflanzenteil:
Wurzel
Körperzone:
Knie, Knochen, Haut
Organsystem:
Kreislauf

Steinbock
abnehmender Mond

Gesund bleiben, gesund werden. Das harmonische Zusammenspiel zwischen Nahrung und Körper ist auch abhängig vom Zeitpunkt der Mahlzeit. Zum Beispiel: Graue Haare sind ja nicht wirklich ein »Schönheitsfehler« bei Männern und Frauen. Wenn du aber dennoch etwas gegen das »Ergrauen in Ehren« tun willst, dann verringere deinen Salzkonsum, ganz besonders an den Salztagen Stier, Jungfrau und Steinbock. Die hohen Salzmengen in unserer Nahrung gehören zu den Hauptursachen des weißen Kopfschmucks – natürlich neben den hohen nervlichen Belastungen des heutigen Alltags.

Sonntag

27

FEBRUAR

Humor ist gute Medizin. Ein kleiner Junge ist mit seinem Vater im Bahnhofsgebäude. Er sieht eine Münz-Personenwaage und sagt: »Du, Papi, da drüben steht 'ne Wooge.« »Das heißt nicht Wooge, sondern Waage.« »Papi, darf ich mich mal waagen?« »Das heißt nicht waagen, das heißt wiegen.« Der kleine Junge wiegt sich und läuft zu seinem Vater zurück: »Papi, Papi, jetzt habe ich mich gewiegt!« »Das heißt nicht gewiegt, sondern gewogen.« »Siehst du Papi, dann war das ja doch eine Wooge!«

Steinbock
abnehmender Mond

Element:
Erde
Tagesqualität:
Kälte
Nahrungsqualität:
Salz
Pflanzenteil:
Wurzel
Körperzone:
Knie, Knochen, Haut
Organsystem:
Kreislauf

Montag

28

FEBRUAR

Rosenmontag

Element:
Luft
Tagesqualität:
Licht
Nahrungsqualität:
Fett
Pflanzenteil:
Blüte
Körperzone:
Unterschenkel, Venen
Organsystem:
Drüsensystem

Wassermann
abnehmender Mond

Humor ist gute Medizin. Paul stößt in der Wohnung seines Onkels versehentlich an eine Vase, die herunterfällt und in tausend Stücke zerspringt. Der Onkel ist schockiert und flüstert: »Die Vase war aus dem 17. Jahrhundert …« Darauf ist Paul erleichtert: »Ui, Gott sei Dank, ich dachte schon, sie war neu.«

Dienstag

1

MÄRZ

Faschingsdienstag

Humor ist gute Medizin. Die Lehrerin zeigt Maxi einen Schmetterling im Biologiebuch und fragt: »Na, Maxi, kennst du diesen Schmetterling?« Maxi ist ganz stolz, weil er meint, die Antwort zu kennen: »Das ist ein Zitronenfalter!« Die Lehrerin: »Maxi, bist du sicher? Zitronenfalter sind nicht grün.« Darauf Maxi: »Der ist noch nicht reif!«

Wassermann
abnehmender Mond

Element:
Luft
Tagesqualität:
Licht
Nahrungsqualität:
Fett
Pflanzenteil:
Blüte
Körperzone:
Unterschenkel, Venen
Organsystem:
Drüsensystem

Mittwoch

2

MÄRZ
Aschermittwoch

Element:
Wasser
Tagesqualität:
Feuchte
Nahrungsqualität:
Kohlenhydrate
Pflanzenteil:
Blatt
Körperzone:
Füße, Zehen
Organsystem:
Nervensystem

18.34

Fische
Neumond

Einfach zum Nachdenken

Niemand wird alt, weil er eine Anzahl Jahre
hinter sich gebracht hat.
Man wird nur alt, wenn man seinen Idealen Lebewohl sagt.
Mit den Jahren runzelt die Haut,
mit Verzicht auf Begeisterung aber runzelt
die Seele.

Albert Schweitzer

Donnerstag

3

MÄRZ

Der Mond – dein guter Freund in Haushalt und Alltag. Eine Leserin fragte, ob der Mond auch die Pflege von Maschinen und Autos beeinflusst. Um es kurz zu machen: Alle Lackier-, Reinigungs- und Reparaturarbeiten sind bei abnehmendem Mond durchgeführt länger haltbar. Ein besonders augenfälliger Test würde die Zusammenhänge schnell deutlich machen. Einfach die Innenscheiben eines täglich benutzten Fahrzeugs einmal kurz vor Vollmond, einmal kurz vor Neumond reinigen. Und dann beobachten, wie lange es dauert, bis sie wieder denselben Verschmutzungsgrad erreicht haben. Das Ergebnis beseitigt alle Zweifel.

Fische
zunehmender Mond

Element:
Wasser
Tagesqualität:
Feuchte
Nahrungsqualität:
Kohlenhydrate
Pflanzenteil:
Blatt
Körperzone:
Füße, Zehen
Organsystem:
Nervensystem

Element:
Wasser
Tagesqualität:
Feuchte
Nahrungsqualität:
Kohlenhydrate
Pflanzenteil:
Blatt
Körperzone:
Füße, Zehen
Organsystem:
Nervensystem

Freitag 4 MÄRZ

Fische
zunehmender Mond

Gesund bleiben, gesund werden. Ein wirksames Mittel für gesundes und kräftiges Zahnfleisch ist das gründliche Kauen einiger junger Löwenzahnblätter. Auch die Stängel kann man essen. Ein alter Spruch sagt: »Die ersten drei Löwenzahnstängel im Jahr, die man entdeckt, aufessen, und man bleibt gesund das ganze Jahr«. Da ist sicher was dran, jedenfalls sind Löwenzahnstängel gut für die Verdauungsorgane, für Leber und Galle. Jedoch nicht mehr als drei Stängel am Tag essen! Wie wertvoll Löwenzahn ist, wusste schon Goethe, der ihn in seinem Garten extra anbauen ließ, weil er damals eher selten in der Natur anzutreffen war.

Samstag 5 MÄRZ

Der besondere Tipp, bevor die Gartensaison so richtig beginnt: Wenn du ein Gartenbeet neu anlegst, solltest du auf die Himmelsrichtung achten. Der Wind sollte keinesfalls aus Westen oder Osten durchpfeifen. Also die Pflanzen nicht in Reih und Glied setzen, sondern versetzt zueinander. Sie wachsen viel besser und kräftiger heran. Wenn du einen Garten auf ungeschützter freier Wiese neu anlegst, pflanze am West- und Ostrand Sträucher. Sie schützen auch vor praller Sonne.

Element:
Feuer
Tagesqualität:
Wärme
Nahrungsqualität:
Eiweiß, Frucht
Pflanzenteil:
Frucht
Körperzone:
Kopfbereich bis Oberkiefer
Organsystem:
Sinnesorgane

Widder
zunehmender Mond

Sonntag

6

MÄRZ

Widder

zunehmender Mond

Element:
Feuer
Tagesqualität:
Wärme
Nahrungsqualität:
Eiweiß, Frucht
Pflanzenteil:
Frucht
Körperzone:
Kopfbereich bis Oberkiefer
Organsystem:
Sinnesorgane

Einfach zum Nachdenken

Jeder von uns muss über sich selbst, über seine Gaben, Möglichkeiten und Eigenheiten Klarheit suchen und sein Leben in den Dienst der Vervollkommnung, der Selbstwerdung stellen. Wenn wir das tun, dann dienen wir auch zugleich der Menschheit, denn alle Werte der Kultur (Religion, Kunst, Dichtung, Philosophie etc.) entstehen auf diesem Weg. Auf ihm wird der oft verlästerte »Individualismus« zum Dienst an der Gemeinschaft und verliert das Odium des Egoismus.

Hermann Hesse

Montag

7

MÄRZ

Gesund bleiben, gesund werden. Oje, den ganzen Winter hast du vielleicht ohne Erkältung überstanden – und dann erwischen dich die ersten wärmeren Tage mit abendlichen Halsschmerzen. Die Ursache liegt an Stiertagen oft darin, versteckte Quellen von Zugluft zu unterschätzen. Selbst bei nur leichtem Schwitzen wirkt Zugluft in dieser Woche schädlicher als sonst. Da wäre es vorbeugend hilfreich, Hals- und Schulterbereich längere Zeit warm zu duschen. Mit diesem Wissen kannst du in Zukunft so mancher Beeinträchtigung aus dem Weg gehen und Erkältungen oder steife Gelenke vermeiden.

Stier

zunehmender Mond

Element:
Erde
Tagesqualität:
Kälte
Nahrungsqualität:
Salz
Pflanzenteil:
Wurzel
Körperzone:
Unterkiefer, Halsregion
Organsystem:
Kreislauf

Dienstag

8

MÄRZ

Element:
Erde
Tagesqualität:
Kälte
Nahrungsqualität:
Salz
Pflanzenteil:
Wurzel
Körperzone:
Unterkiefer, Halsregion
Organsystem:
Kreislauf

Stier
zunehmender Mond

Rezepte für die »Alpha-Omega-Formel«. Heute: Tomaten-Zwiebel-Chutney (Omega). Zutaten: 1½ kg Tomaten, in Stücke geschnitten * 500 g Zwiebeln, gewürfelt oder in Ringe geschnitten * 3 Knoblauchzehen, gepresst * 300 ml Apfelessig oder milder Weinessig * 500 g Zucker * 2 EL Salz * ½ EL Speisestärke, mit etwas Wasser glattgerührt * 125 g Rosinen * 3 EL scharfer Senf * 1 EL Currypulver * 1 EL Chiliflocken * 1 TL Kurkuma * 1 TL Ingwerpulver * 1 TL Garam Masala. Und so geht's: Die Tomaten, Zwiebeln, Knoblauch, Salz, Rosinen, Essig und Zucker verrühren und etwa 1 Stunde lang zugedeckt sanft köcheln lassen. *(Lies morgen weiter)*

Mittwoch

9

MÄRZ

(Fortsetzung von gestern) Gelegentlich umrühren. Dann die glattgerührte Speisestärke zugeben, zusammen mit Senf, Curry, Chili, Kurkuma, Garam Masala und Ingwer. Gut umrühren und dann weitere 30 Minuten offen köcheln lassen beziehungsweise so lange, bis du mit der Konsistenz zufrieden bist. In vorbereitete Marmeladengläser füllen und sofort verschließen. Bis zum Verzehr kühl stellen. Die Mengen sind für etwa 6 Marmeladegläser à 450 ml berechnet. Verbessern lässt sich dieses köstliche Chutney kaum, aber 1 EL in Öl geröstete schwarze Senfsaat (eventuell mit einem Teelöffel Asafoetida mitgeröstet) bringt noch eine zusätzliche exotische Note.

Element:
Luft
Tagesqualität:
Licht
Nahrungsqualität:
Fett
Pflanzenteil:
Blüte
Körperzone:
Schultern, Arme, Hände
Organsystem:
Drüsensystem

Zwillinge
zunehmender Mond

Donnerstag

10

MÄRZ

Element:
Luft
Tagesqualität:
Licht
Nahrungsqualität:
Fett
Pflanzenteil:
Blüte
Körperzone:
Schultern, Arme, Hände
Organsystem:
Drüsensystem

Zwillinge
zunehmender Mond

Einfach zum Nachdenken

Das Beste ist die tiefe Stille,
in der ich gegen die Welt wachse und gewinne,
was sie mir mit Feuer und Schwert
nicht nehmen können.

Johann Wolfgang von Goethe

Freitag

11

MÄRZ

Von der Heilkraft der Gewürze: Dill. Gartendill kommt bei uns in erster Linie in den Gurkensalat. Aber er ist sehr vielseitig: In Saucen auf Grundlage von Salatöl, Joghurt, Quark und in Gewürzbutter ist Dill beliebt und als Brotaufstrich geeignet. Bekannt auch als wichtiges Gewürz für Gewürzgurken. Wie immer hat das frische Dillkraut den besten Geschmack. Als Heilkraut dienen die getrockneten reifen Früchte und die ganze frische, blühende Pflanze. Die milde Wirkung macht es ideal geeignet für die Anwendung bei Kindern, etwa bei Verdauungsstörungen, Blähungen und daraus entstehenden Koliken.

Zwillinge
zunehmender Mond

Element:
Luft
Tagesqualität:
Licht
Nahrungsqualität:
Fett
Pflanzenteil:
Blüte
Körperzone:
Schultern, Arme, Hände
Organsystem:
Drüsensystem

Element:
Wasser
Tagesqualität:
Feuchte
Nahrungsqualität:
Kohlenhydrate
Pflanzenteil:
Blatt
Körperzone:
Brustbereich, Lunge
Organsystem:
Nervensystem

Samstag 12 MÄRZ

Aus dem Mondkalender-Einmaleins. Was bedeutet eigentlich die Angabe »Die Tierkreiszeichen Krebs, Skorpion und Fische regieren das Nervensystem«? Generell gilt: Was du an den Krebs-, Skorpion- und Fischetagen für das Nervensystem tust, wirkt doppelt wohltuend, vorbeugend und heilend, etwa eine verstärkte Vitamin-B-Zufuhr über die Ernährung. Alles, was dagegen an diesen Tagen dein Nervensystem angreift, wirkt belastender als an anderen Tagen. Das gilt auch für seelische Einflüsse: Eine belastende Arbeitsatmosphäre kann beispielsweise an Krebstagen unerträglich werden.

Krebs
zunehmender Mond

Sonntag 13 MÄRZ

Einfach zum Nachdenken

Es gilt nun nicht, seine »Verrücktheiten«
der Welt aufzuzwingen
und die Welt zu revolutionieren,
sondern es gilt, sich für die Ideale und Träume
der eigenen Seele
gegen die Welt so viel zu wehren,
dass sie nicht verdorren.

Hermann Hesse

Element:
Wasser
Tagesqualität:
Feuchte
Nahrungsqualität:
Kohlenhydrate
Pflanzenteil:
Blatt
Körperzone:
Brustbereich, Lunge
Organsystem:
Nervensystem

Krebs
zunehmender Mond

Montag

14

MÄRZ

Element:
Feuer
Tagesqualität:
Wärme
Nahrungsqualität:
Eiweiß, Frucht
Pflanzenteil:
Frucht
Körperzone:
Herzregion, Kreislauf
Organsystem:
Sinnesorgane

Löwe
zunehmender Mond

Gesund bleiben, gesund werden. Du weißt es ja schon: Fruchttage (Widder, Löwe, Schütze) eignen sich immer ideal als Obst- und Safttage! Die Folge ist ein sanftes Abnehmen ohne große körperliche Belastung. Achte aber darauf, Steinobst und Kernobst nicht zu mischen. Das vertragen speziell ältere Menschen nicht gut. Allerdings solltest du auch deinen Kreislauf im Auge behalten, der durch Fasten manchmal etwas durcheinandergerät. Beispielsweise solltest du nicht zu schnell aufstehen nach einem heißen Bad. Zusätzlich genug Wasser trinken, dann kann nichts schiefgehen, und du hast den Fruchttag Löwe gut genutzt. (Siehe auch unser Buch *Die Alpha-Omega-Formel.*)

Dienstag

15

MÄRZ

Der besondere Tipp. Schlafstörungen sind manchmal Folge des jeweiligen Mondstandes. Sie kommen an Löwe unter Umständen sogar häufiger vor als kurz vor Vollmond, weil dieses Tierkreiszeichen den Kreislauf ankurbelt. Mit Medikamenten dagegen anzugehen ist der falsche Weg! Wenn du schon überzeugt bist, schlafen zu »müssen«, dann hilf nur mit natürlichen und pflanzlichen Mitteln nach. Aber warum eigentlich schlafen, wenn es nicht gelingt? Jetzt, wo außergewöhnliche Zeiten herrschen, sollten wir sorgenvolle Gedankengänge loslassen, damit Platz wird für fruchtbare Ideen. Lasse deine Fantasie spielen!

Löwe
zunehmender Mond

Element:
Feuer
Tagesqualität:
Wärme
Nahrungsqualität:
Eiweiß, Frucht
Pflanzenteil:
Frucht
Körperzone:
Herzregion, Kreislauf
Organsystem:
Sinnesorgane

Mittwoch

16

MÄRZ

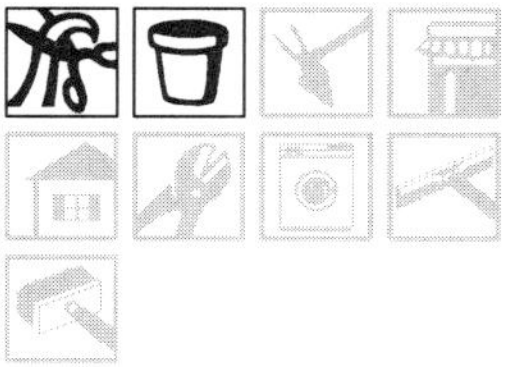

Element:
Feuer
Tagesqualität:
Wärme
Nahrungsqualität:
Eiweiß, Frucht
Pflanzenteil:
Frucht
Körperzone:
Herzregion, Kreislauf
Organsystem:
Sinnesorgane

Löwe
zunehmender Mond

Moon Power für Garten, Feld und Wald. LeserInnen fragen, der Mond antwortet: »Die Erde in meinem Gemüsegarten ist sehr hart, wie betoniert. Was tun?« In erster Linie muss man sich bei der Gartengestaltung dem Klima und dem vorherrschenden Boden anpassen. Nichts spricht gegen eine gute Ernte bei lehmigem, hartem Boden. Lass die Natur für dich arbeiten: Zum richtigen Zeitpunkt setzen und ernten und ansonsten den Garten in Ruhe lassen. Oder im nächsten Frühjahr Kartoffeln setzen, dann erhältst du im Herbst eine wunderbare Erde. Bei allem Tun im Garten sind Geduld und der richtige Zeitpunkt deine besten Freunde.

Donnerstag

17

MÄRZ

Schön sein, schön bleiben. Häufig gestellte Frage an uns: Kann der Mond auch bei Haarausfall helfen? Fast immer beruht er auf einem schleichenden Mineralmangel, eine Folge unserer heutigen »Normalkost«, die im Wesentlichen eine Mangelernährung ist. Wer sichergehen will, dass ihn die Haare noch viele Jahre durchs Leben begleiten, der steigt um auf Bio-Kost, verzichtet allmählich auf die Mineralienräuber Zucker, Weißmehl, Fleisch und Milchprodukte und achtet auf den richtigen Zeitpunkt des Haarschnitts: Löwe oder Jungfrau. Haarverlust ist selten erblich bedingt, sondern Resultat »vererbter« Ernährungsgewohnheiten.

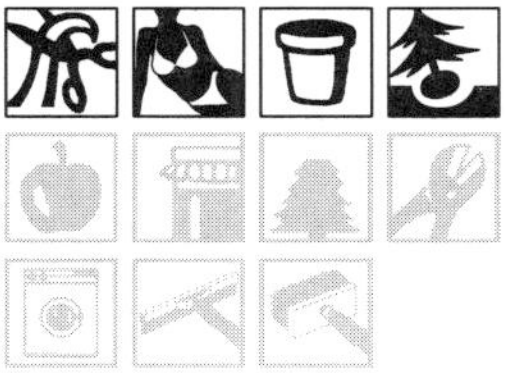

Element:
Erde
Tagesqualität:
Kälte
Nahrungsqualität:
Salz
Pflanzenteil:
Wurzel
Körperzone:
Verdauungsorgane
Organsystem:
Kreislauf

Jungfrau
zunehmender Mond

Freitag

18

MÄRZ

Element:
Erde
Tagesqualität:
Kälte
Nahrungsqualität:
Salz
Pflanzenteil:
Wurzel
Körperzone:
Verdauungsorgane
Organsystem:
Kreislauf

08.18

Jungfrau
Vollmond

Gesund bleiben, gesund werden. Ein Großteil des Wissens unserer heilkundigen Vorfahren drehte sich um die gesunde Ernährung, deshalb heute, am »Verdauungstag« Jungfrau, drei zeitlose Tipps für dich: 1. Höre kurz vor dem Sattgefühl auf zu essen. Der Körper braucht nämlich etwas Zeit, um »genug« zu signalisieren. Im Laufe der Zeit erwischst du diesen Moment ganz genau. 2. Kein zweites Mal auf den Teller schöpfen. 3. Möglichst zum Essen nichts trinken. Es ist kaum bekannt, aber diese Gewohnheit ist nicht sehr gesund. Zwischen den Bissen etwas zu trinken, kann ein direkter Weg zum Übergewicht sein. Deshalb vor oder nach dem Essen trinken.

Samstag

19

MÄRZ

Gefragter Mond. LeserInnen und Journalisten fragen uns oft, wie eigentlich das Wissen um den »richtigen Zeitpunkt« entstanden ist, das wir veröffentlicht haben. Bergbauernarbeit ist harte körperliche Arbeit über viele Tage hinweg. Den »richtigen Zeitpunkt« zu ignorieren, würde körperliche Schwächung, Missernten und Verfall auf allen Ebenen bedeuten. Eine Maschinen- und Chemie-Landwirtschaft dagegen kann sich in der Überzeugung wiegen, auf dieses Wissen verzichten zu können. Die Wiederbelebung des Wissens um die Mondrhythmen gehört deshalb zu den wichtigsten Aufgaben einer guten Zukunft.

Waage
abnehmender Mond

Element:
Luft
Tagesqualität:
Licht
Nahrungsqualität:
Fett
Pflanzenteil:
Blüte
Körperzone:
Hüfte, Nieren, Blase
Organsystem:
Drüsensystem

Element:
Luft
Tagesqualität:
Licht
Nahrungsqualität:
Fett
Pflanzenteil:
Blüte
Körperzone:
Hüfte, Nieren, Blase
Organsystem:
Drüsensystem

Sonntag 20 MÄRZ

Waage
abnehmender Mond

Einfach zum Nachdenken

Das Geheimnis eines langen,
glücklichen Lebens:
Iss die Hälfte,
gehe doppelt so viel zu Fuß,
lache dreimal so viel
und liebe grenzenlos.

Tibetische Weisheit

Montag 21 MÄRZ

Gesund bleiben, gesund werden. Die Volkskrankheit Kopfschmerz und Migräne müsste nicht so verbreitet sein, denn oft genügt es, den versteckten Auslöser zu erkennen und zu meiden. Wir haben eine »Parade der stärksten Migräne- und Kopfschmerzauslöser« erstellt – eine Liste, deren Inhalt dich sicherlich an der einen oder anderen Stelle überraschen wird. Auch in diesem Jahr stellen wir sie dir gerne kostenlos zur Verfügung: Gehe auf www.paungger-poppe.com und klicke unter »Service« auf »Texte & Tools«.

Element:
Wasser
Tagesqualität:
Feuchte
Nahrungsqualität:
Kohlenhydrate
Pflanzenteil:
Blatt
Körperzone:
Geschlechtsorgane
Organsystem:
Nervensystem

Skorpion
abnehmender Mond

Dienstag

22

MÄRZ

Element:
Wasser
Tagesqualität:
Feuchte
Nahrungsqualität:
Kohlenhydrate
Pflanzenteil:
Blatt
Körperzone:
Geschlechtsorgane
Organsystem:
Nervensystem

Skorpion
abnehmender Mond

Aus dem kleinen Mondlexikon. Wenn der Mond die Tierkreiszeichen Krebs, Skorpion oder Fische durchwandert, herrschen »Blatttage«. Der Mondkalender zeigt an diesen Tagen Kräfte an, die im Pflanzenreich besonders auf den Pflanzenteil Blatt wirken. Wer beispielsweise an diesen Tagen bei abnehmendem Mond Dünger ausbringt, fördert damit das Blattwachstum. Wenn andererseits Obstbäume an Blatttagen geschnitten werden, kann sich zwar prachtvolles Laubwerk entwickeln, der Fruchtertrag bleibt aber manchmal hinter den Erwartungen zurück. (Siehe auch unser Buch *Der lebendige Garten.*)

Mittwoch

23

MÄRZ

Schön sein, schön bleiben. Wenn der Blick in den Ganzkörper-Spiegel kein zufriedenes Gefühl aufkommen lässt, bist du bei weitem nicht allein. Den meisten Fotomodellen der Welt geht es genauso! Nicht du selbst bist es, der da den überkritischen Blick in den Spiegel wirft, sondern ein Wesen aus der Vergangenheit, das dir ein künstliches Schönheitsideal andressiert hat. Lerne, dich selbst anzunehmen, wie du bist. Dann fällt es dir auch leichter, deine wahren Freunde zu erkennen. Und dann macht es echte Freude, dem Körper mit einer leichten Massage oder Gymnastik etwas Gutes zu tun, an Schütze ideal an den Oberschenkeln.

Schütze
abnehmender Mond

Element:
Feuer
Tagesqualität:
Wärme
Nahrungsqualität:
Eiweiß, Frucht
Pflanzenteil:
Frucht
Körperzone:
Oberschenkel, Venen
Organsystem:
Sinnesorgane

Element:
Feuer
Tagesqualität:
Wärme
Nahrungsqualität:
Eiweiß, Frucht
Pflanzenteil:
Frucht
Körperzone:
Oberschenkel, Venen
Organsystem:
Sinnesorgane

Donnerstag
24
MÄRZ

Gesund bleiben, gesund werden. Bring Farbe in die Küche! Die Schütze-Energie schärft die Sinnesorgane und unterstützt mit der Kraft der Farbe Rot die Durchblutung im ganzen Körper. Nicht selten macht sich an Schütze die Venenregion unangenehm bemerkbar. Umso wichtiger wäre es, Energie zum Fließen zu bringen und Stauungen aufzulösen, etwa durch sanfte Gymnastik. Sämtliche roten Früchte und Gemüsesorten besitzen an Fruchttagen (Widder, Löwe, Schütze) mehr Kraft als an anderen Tagen. Hektische Menschen jedoch sollten sich heute eher mit den Farben Blau oder Gelb beruhigen.

Schütze
abnehmender Mond

Freitag
25
MÄRZ

Von der Heilkraft der Gewürze: Koriander. Kraut und Samen sind vielfach genutzte Küchengewürze. Während in Europa der Samen früher die größere Rolle spielte, kommt immer mehr auch das Koriandergrün in unsere Geschäfte, was wir persönlich sehr schätzen! Bei uns ersetzt Koriandergrün fast immer die Blattpetersilie, auch in Salaten.
Der größte Teil der weltweiten Korianderproduktion wird in Currypulver verarbeitet. Häufig wird er dabei mit Kreuzkümmel und Kurkuma kombiniert. Dem ätherischen Öl wird appetitanregende, verdauungsfördernde, krampflösende und lindernde Wirkung bei Magen- und Darmleiden zugeschrieben.

Element:
Erde
Tagesqualität:
Kälte
Nahrungsqualität:
Salz
Pflanzenteil:
Wurzel
Körperzone:
Knie, Knochen, Haut
Organsystem:
Kreislauf

Steinbock
abnehmender Mond

Samstag

26

MÄRZ

Element:
Erde
Tagesqualität:
Kälte
Nahrungsqualität:
Salz
Pflanzenteil:
Wurzel
Körperzone:
Knie, Knochen, Haut
Organsystem:
Kreislauf

Steinbock
abnehmender Mond

Aus dem Mondkalender-Einmaleins. Abnehmender Mond und Steinbock, immer ein guter Zeitpunkt, um an eine der Grundregeln des Wissens vom richtigen Zeitpunkt zu erinnern: Zwei unterschiedliche Stoffe, die dauerhaft verbunden werden sollen, sollten bei abnehmendem Mond zusammengefügt werden – gleichgültig, ob durch Verputzen, Malern, Kleben, Mischen, Verschmelzen, Zusammenschieben, Verschränken, Pressen, Zinken etc. Ganz besonders gilt das, wenn der Mond gleichzeitig im Tierkreiszeichen Steinbock steht. Das Anwenden der Regel erlaubt den Verzicht auf viel Chemie.

Sonntag

27

MÄRZ

Einfach zum Nachdenken

Jeder, der seinen Weg geht, ist ein Held.
Jeder, der das wirklich tut und lebt,
wozu er fähig ist,
ist ein Held –
und selbst wenn er dabei das Dumme
oder Rückständige tut,
ist er viel mehr als tausend andere,
die von ihren schönen Idealen bloß reden,
ohne sich ihnen zu opfern.

Hermann Hesse

Steinbock
abnehmender Mond

Element:
Erde
Tagesqualität:
Kälte
Nahrungsqualität:
Salz
Pflanzenteil:
Wurzel
Körperzone:
Knie, Knochen, Haut
Organsystem:
Kreislauf

Element:
Luft
Tagesqualität:
Licht
Nahrungsqualität:
Fett
Pflanzenteil:
Blüte
Körperzone:
Unterschenkel, Venen
Organsystem:
Drüsensystem

Montag 28 MÄRZ

Gesund bleiben, gesund werden. Wer in seinem Berufsalltag viel gehen und stehen muss, bekommt den Einfluss von Wassermanntagen zu spüren. Besonders wohltuend wäre deshalb wieder einmal die kurze »Oberlehrer«-Gymnastik: Wippe mit den Füßen im Stehen auf und ab, halte dabei die Knie gestreckt. Abwechselnd Zehenspitzen hoch, Fersen hoch, Zehenspitzen hoch, Fersen hoch und so fort. Siebenmal auf und ab. Dann erst Pause machen. Die Übung ist auch mit Abstützen wirksam, wenn das Gleichgewichtsgefühl noch fehlt. Eine wunderbare Übung auch für den unbehinderten Rückfluss in den Venen und bei Lymphstau.

Wassermann
abnehmender Mond

Dienstag 29 MÄRZ

Rezepte für die »Alpha-Omega-Formel«. Heute: Brokkoli-Cremesuppe. Zutaten: 30 g Butter oder Pflanzenöl * 2 mittelgroße Zwiebeln, fein gehackt (oder für die Omega-Typen eine Lauchstange, halbiert und fein geschnitten) * 1 Stange Stangensellerie, dünn geschnitten * etwa 500 g Brokkoli, in Röschen und kleine Stücke geteilt * 1 kleine Kartoffel, geschält und in dicken Scheiben * 800 ml Gemüsebrühe * 1 Schuss Worcestershire-Soße * 150 ml Kokosmilch * Zitronensaft, Salz und Pfeffer, Muskat. Und so geht's: Butter oder Öl im Topf erhitzen, Zwiebeln oder Lauch und Sellerie hinzufügen, kräftig anbraten, mit 2–3 EL Gemüsebrühe ablöschen. *(Lies morgen weiter)*

Element:
Luft
Tagesqualität:
Licht
Nahrungsqualität:
Fett
Pflanzenteil:
Blüte
Körperzone:
Unterschenkel, Venen
Organsystem:
Drüsensystem

Wassermann
abnehmender Mond

Mittwoch

30

MÄRZ

Element:
Wasser
Tagesqualität:
Feuchte
Nahrungsqualität:
Kohlenhydrate
Pflanzenteil:
Blatt
Körperzone:
Füße, Zehen
Organsystem:
Nervensystem

Fische
abnehmender Mond

(Fortsetzung von gestern) Hitze zurücknehmen, Deckel drauf und schmoren, bis das Gemüse weich ist, aber noch nicht gebräunt. Brokkoli, Kartoffel und Gemüsebrühe zugeben, Deckel drauf und köcheln, bis das Gemüse weich ist – etwa 15 Minuten. Dann alles in den Mixer geben und pürieren. Zurück in den Topf geben und die Kokosmilch einrühren. Nach Belieben würzen und (als Alpha-Typ) vielleicht etwas Zitronensaft addieren, um den Geschmack zu verfeinern. Noch einmal heiß werden lassen, aber nicht mehr kochen. Heiß servieren, eventuell begleitet von Dinkelcroutons.

Donnerstag

31

MÄRZ

Humor ist gute Medizin. Professor zum Studenten: »Zeichnen Sie einen waagerechten Strich an die Tafel, verlängern Sie diesen nun über die Wand bis zur Tür und schließen Sie diese leise von außen!« (So geschehen während einer Mathematik-Prüfung an der Uni Köln.)

Fische
abnehmender Mond

Element:
Wasser
Tagesqualität:
Feuchte
Nahrungsqualität:
Kohlenhydrate
Pflanzenteil:
Blatt
Körperzone:
Füße, Zehen
Organsystem:
Nervensystem

Element:
Feuer
Tagesqualität:
Wärme
Nahrungsqualität:
Eiweiß, Frucht
Pflanzenteil:
Frucht
Körperzone:
Kopfbereich bis Oberkiefer
Organsystem:
Sinnesorgane

Freitag 1 APRIL

07.24

Widder
Neumond

Moon Power für Garten, Feld und Wald. Damit Kinder im Garten Schmetterlinge, Hummeln und Vögel beobachten können, solltest du heimische Gehölze wählen. An Holunder und Haselnuss tummeln sich die Insekten, Forsythien dagegen lassen die heimische Tierwelt eher kalt. Heimische Sträucher sind zudem robuster und erholen sich schnell, wenn sich mal ein Ball verirrt. Wer mit seinen Kindern zusammen Früchte ernten möchte, sollte natürlich auch Beerensträucher wie Himbeeren, Johannisbeeren oder stachellose Brombeeren setzen oder Kürbisse pflanzen, ideal heute ab Neumond an Fruchttagen (Widder, Löwe, Schütze).

Samstag 2 APRIL

Von der Heilkraft der Gewürze: Schwarzkümmel. Bereits seit über 2000 Jahren wird Schwarzkümmel im Orient als pfefferartiges Gewürz und Medizin verwendet. Geschmacklich erinnert er an Sesam mit einer leichten Kreuzkümmelnote. Auch heute noch streut man die schwarzen Samen ähnlich wie Sesam auf Fladenbrot. Im deutschen Handel ist er oft unter der indischen Bezeichnung »Kalonji« erhältlich. Reines Schwarzkümmelöl wird in der Naturheilkunde bei Allergien, Neurodermitis, Schuppenflechte, zur Regulierung des Immunsystems, gegen Asthma, bei Verdauungsproblemen, Bluthochdruck sowie in der Tiermedizin verwendet, unter anderem auch, um Zecken abzuschrecken.

Element:
Feuer
Tagesqualität:
Wärme
Nahrungsqualität:
Eiweiß, Frucht
Pflanzenteil:
Frucht
Körperzone:
Kopfbereich bis Oberkiefer
Organsystem:
Sinnesorgane

Widder
zunehmender Mond

Sonntag

3

APRIL

Element:
Erde
Tagesqualität:
Kälte
Nahrungsqualität:
Salz
Pflanzenteil:
Wurzel
Körperzone:
Unterkiefer, Halsregion
Organsystem:
Kreislauf

Stier
zunehmender Mond

Einfach zum Nachdenken

Die sieben besten Medikamente:
Sonnenschein, Wasser, innere Ruhe, frische Luft, Bewegung, Obst und Gemüse, Freude.

Anonym

Montag

4

APRIL

Gesund bleiben, gesund werden. An Stiertagen wie heute und morgen reagieren die Rachenmandeln stärker auf Lebensmittel, die du eigentlich nicht verträgst. Diesen Zusammenhang kannst du nutzen, wenn du dir Notizen machst. Besonders schädlich sind Weizenmehl und das für dich persönlich falsche Fett (Butter? Pflanzliche Öle/Fette?). Wer Weizenmehl nicht verträgt, hat meist auch Probleme mit den verschiedensten pflanzlichen Ölen. In diesem Fall solltest du auf pflanzliche Fette vorübergehend verzichten und beobachten, ob nicht Dinkelmehl und Butter für dich geeigneter wären. Unser Buch *Die Alpha-Omega-Formel* weiß mehr!

Stier
zunehmender Mond

Element:
Erde
Tagesqualität:
Kälte
Nahrungsqualität:
Salz
Pflanzenteil:
Wurzel
Körperzone:
Unterkiefer, Halsregion
Organsystem:
Kreislauf

Element:
Erde
Tagesqualität:
Kälte
Nahrungsqualität:
Salz
Pflanzenteil:
Wurzel
Körperzone:
Unterkiefer, Halsregion
Organsystem:
Kreislauf

Dienstag

5

APRIL

Gesund bleiben, gesund werden. Stier bei zunehmendem Mond – das ist immer wieder ein guter Tag, um sich einen kleinen Vorrat an Huflattichblüten zuzulegen. Zwick die kleinen gelben Köpfchen ab, lass sie dann an luftiger Stelle trocknen und fülle sie erst später bei abnehmendem Mond ab. Dein Vorrat bleibt länger haltbar, die Kräuter werden nicht so leicht verschimmeln. Huflattichtee ist der beste uns bekannte Tee gegen Heiserkeit, ganz besonders, wenn er an Stier gesammelt worden ist. Bei Halsschmerzen ist Salbeitee wirkungsvoller, die Trocknung erfolgt nach dem gleichen Prinzip.

Stier
zunehmender Mond

Mittwoch

6

APRIL

Farbe ins Leben. Zum Tierkreiszeichen Zwillinge gehören die Grundfarbe Gelb und die Kontrafarben Rot und Blau. Gelbe Lebensmittel haben bei Zwillinge, Waage und Wassermann ihre größte positive Wirkung. Über gelbe Lebensmittel freuen sich heute besonders Leber und Galle, aber auch Magen und Milz. Zwillinge ist zwar nicht direkt mit Leber und Galle verbunden, aber Zwillinge unterstützt wegen des gelben Farbeinflusses diesen Bereich. Rot und Blau als Kontrafarben wirken genau an diesen Tagen nicht so stark. Genaueres zum Thema »Farben der Tierkreiszeichen« findest du auf unsere Website www.paungger-poppe.com unter »Service«, Menüpunkt »Texte & Tools«.

Element:
Luft
Tagesqualität:
Licht
Nahrungsqualität:
Fett
Pflanzenteil:
Blüte
Körperzone:
Schultern, Arme, Hände
Organsystem:
Drüsensystem

Zwillinge
zunehmender Mond

Donnerstag

7

APRIL

Element:
Luft
Tagesqualität:
Licht
Nahrungsqualität:
Fett
Pflanzenteil:
Blüte
Körperzone:
Schultern, Arme, Hände
Organsystem:
Drüsensystem

Zwillinge
zunehmender Mond

Gesund bleiben, gesund werden. Vielleicht fällt dir die Antwort auf die Frage nach deinem Ernährungstyp heute leichter: Bist du ein Alpha-Typ oder Omega-Typ? Beobachte, ob du heute tierisches (Alpha-Typ) oder pflanzliches Fett (Omega-Typ) besser oder weniger gut verträgst als sonst. Der zunehmende Mond und ein Öltag lässt dich den Unterschied deutlicher wahrnehmen und Schlüsse ziehen. Ausführlich haben wir die Sache mit dem Ernährungstyp in unserem Buch *Die Alpha-Omega-Formel* beschrieben.

Freitag

8

APRIL

Von der Heilkraft der Gewürze: Kreuzkümmel. Wichtiger Bestandteil einer jeden Curry-Mischung und bei uns zu Hause ebenso häufig im Einsatz wie Koriander, Kurkuma, Salz und Pfeffer. Auch Kreuzkümmel hat zahlreiche gesundheitsfördernde Eigenschaft, unter anderem bei der Gewichtsreduktion. Wir können nur empfehlen, damit zu experimentieren. Schreibt uns, wir haben ein tolles Rezept für einen Brotaufstrich mit Kreuzkümmel.

Element:
Wasser
Tagesqualität:
Feuchte
Nahrungsqualität:
Kohlenhydrate
Pflanzenteil:
Blatt
Körperzone:
Brustbereich, Lunge
Organsystem:
Nervensystem

Krebs
zunehmender Mond

Element:
Wasser
Tagesqualität:
Feuchte
Nahrungsqualität:
Kohlenhydrate
Pflanzenteil:
Blatt
Körperzone:
Brustbereich, Lunge
Organsystem:
Nervensystem

Samstag 9 APRIL

Krebs
zunehmender Mond

Gesund bleiben, gesund werden. Solltest du an Leber und Galle, Lunge oder Brust belastet sein, nutze die Krebstage, um diesen Organen etwas Gutes zu tun. Auch der Magen spielt an Krebs gelegentlich verrückt (Aufstoßen, Sodbrennen). Eine leichte Kost ist deshalb heute generell eine gute Idee. Ideal wäre an Krebs ein Salattag (ohne Mayonnaise und nur grüne Salate). Vielleicht verzichtest du sogar auf eine Mahlzeit und gehst lieber Kräuter sammeln, die heute besonders gut gegen Bronchitis und bei Magen-, Leber- und Gallenbeschwerden wirken. Manche Menschen sind an Krebstagen auch seelisch etwas empfindlicher als sonst.

Sonntag 10 APRIL

Einfach zum Nachdenken

Nicht alle Stürme kommen,
um dein Leben zu erschüttern.
Manche kommen, um dir den Weg
frei zu machen.

Anonym

Element:
Wasser
Tagesqualität:
Feuchte
Nahrungsqualität:
Kohlenhydrate
Pflanzenteil:
Blatt
Körperzone:
Brustbereich, Lunge
Organsystem:
Nervensystem

Krebs
zunehmender Mond

Montag

11

APRIL

Element:
Feuer
Tagesqualität:
Wärme
Nahrungsqualität:
Eiweiß, Frucht
Pflanzenteil:
Frucht
Körperzone:
Herzregion, Kreislauf
Organsystem:
Sinnesorgane

Löwe
zunehmender Mond

Moon Power für Garten, Feld und Wald. Zunehmender Mond und Löwe – das sollte für die passionierten Gartler wieder Signal sein, um Rasen zu säen oder »kahle« Stellen zu reparieren. Der Rasen wächst kräftiger heran und ist widerstandsfähiger. Bei Löwe leicht eingießen und in weiterer Folge an Krebs, Skorpion und Fische etwas länger gießen. Nachsäen wird meist überflüssig. Bis der Rasen aufgeht, bitte dafür sorgen, dass er immer feucht bleibt. Zum ungünstigen Zeitpunkt gesät – etwa bei abnehmendem Mond an Zwillinge, Waage und Wassermann –, ist der Rasen nicht so widerstandsfähig oder geht erst gar nicht auf.

Dienstag

12

APRIL

Anekdoten – gut gewürzt. Der englische Schriftsteller William Somerset Maugham war erbost über seinen Verleger, weil sein erstes Werk sich nicht verkaufte und der Verlag kein Geld für Werbung ausgeben wollte. Daraufhin griff Maugham zu einer List. In mehreren Londoner Tageszeitungen gab er eine Heiratsanzeige auf. Sie lautete: »Junger Millionär, Sport liebend, kultiviert, musikalisch, verträglicher, einnehmender Charakter, wünscht ein junges hübsches Mädchen zu heiraten, das in jeder Hinsicht der Heldin des Romans von W.S. Maugham gleicht.« Nur einige Tage nachdem die Anzeigen erschienen waren, war die erste Auflage des Romans vergriffen.

Löwe
zunehmender Mond

Element:
Feuer
Tagesqualität:
Wärme
Nahrungsqualität:
Eiweiß, Frucht
Pflanzenteil:
Frucht
Körperzone:
Herzregion, Kreislauf
Organsystem:
Sinnesorgane

Mami Papi
Ihr is der Welt

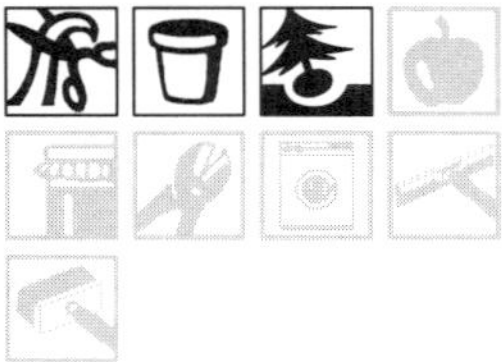

Element:
Erde
Tagesqualität:
Kälte
Nahrungsqualität:
Salz
Pflanzenteil:
Wurzel
Körperzone:
Verdauungsorgane
Organsystem:
Kreislauf

Mittwoch 13 APRIL

Jungfrau
zunehmender Mond

Gesund bleiben, gesund werden. Wie so oft an Jungfrautagen wie heute und morgen Tipps für die gesunde Verdauung: Verzichte in deiner Alltagskost auf sogenannte »Light«-Produkte oder künstlich »fettarme« Produkte. Besonders dann, wenn Süßstoffe und Aromastoffe die Fadheit solcher Produkte verstecken sollen. Diese Dinge wirken tatsächlich schlankmachend – nämlich auf deinen Geldbeutel. Sie nützen weder deiner Gesundheit, noch helfen sie beim Gewichthalten oder gar Abnehmen. Nach Jahrzehnten der Augenauswischerei haben das inzwischen sogar wissenschaftliche Studien bewiesen.

Donnerstag 14 APRIL
Gründonnerstag

Einfach zum Nachdenken

Man kann alles Gefühl Willen nennen, oder wie immer.
Ich nenne es Liebe. Glück ist Liebe, nichts anderes.
Wer lieben kann, ist glücklich. Jede Bewegung unserer
Seele, in der sie sich selber empfindet und ihr Leben spürt,
ist Liebe. Glücklich ist also der, der viel zu lieben vermag.
Lieben aber und Begehren ist nicht ganz dasselbe.
Liebe ist weise gewordene Begierde; Liebe will nicht
haben; sie will nur lieben.

Hermann Hesse

Element:
Erde
Tagesqualität:
Kälte
Nahrungsqualität:
Salz
Pflanzenteil:
Wurzel
Körperzone:
Verdauungsorgane
Organsystem:
Kreislauf

Jungfrau
zunehmender Mond

Freitag

15

APRIL
Karfreitag

Element:
Luft
Tagesqualität:
Licht
Nahrungsqualität:
Fett
Pflanzenteil:
Blüte
Körperzone:
Hüfte, Nieren, Blase
Organsystem:
Drüsensystem

Waage
zunehmender Mond

Einfach zum Nachdenken

Die wirklichen Persönlichkeiten haben es auf Erden schwerer, aber auch schöner, sie genießen nicht den Schutz der Herde, aber die Freuden der eigenen Phantasie und müssen, wenn sie die Jugendjahre überstehen, eine sehr große Verantwortung tragen.

Hermann Hesse

Samstag

16

APRIL

Gesund bleiben, gesund werden. Auch 2022 werden wir dich immer wieder einmal ermutigen, einfache Fitness-Übungen in Harmonie mit dem Mondkalender zu machen (siehe auch unser Buch *Fit zum richtigen Zeitpunkt*). Heute speziell für Waagetage: Versuche, im Stehen das gestreckte rechte Bein ganz gerade nach oben zu ziehen, als ob du es wie ein hydraulisches Fahrwerk einziehst. Hebe dabei die Fußspitzen an und atme langsam aus. Halte das Bein sieben Sekunden lang »eingezogen«, während du weiterhin langsam ausatmest. Entspanne dann ein paar Sekunden lang, auf beiden Beinen im Gleichgewicht stehend. Wechsle dann zum linken Bein. Insgesamt jeweils dreimal.

19.55

Waage
Vollmond

Element:
Luft
Tagesqualität:
Licht
Nahrungsqualität:
Fett
Pflanzenteil:
Blüte
Körperzone:
Hüfte, Nieren, Blase
Organsystem:
Drüsensystem

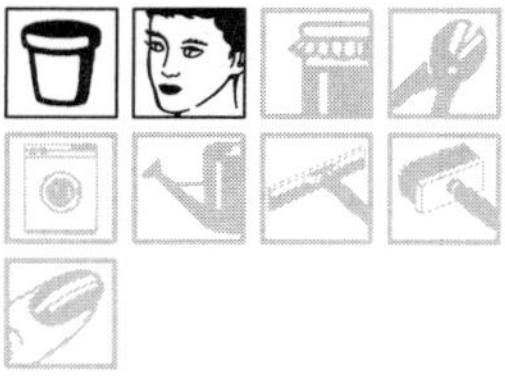

Sonntag

17

APRIL

Ostersonntag

Waage

abnehmender Mond

Element:
Luft
Tagesqualität:
Licht
Nahrungsqualität:
Fett
Pflanzenteil:
Blüte
Körperzone:
Hüfte, Nieren, Blase
Organsystem:
Drüsensystem

Einfach zum Nachdenken

Der Sinn des Lebens ist zu lieben und geliebt zu werden, niemals aufzuhören, neugierig zu sein, zu lernen und zu verschönern, womit du in Berührung kommst, und sich an alledem zu freuen. Priester, Imame, Pfarrer, Philosophen, Schamanen – so viele von ihnen haben sich gegenseitig die Köpfe eingeschlagen, um diese einfache Wahrheit so zu verbiegen, dass ihre eigene Angst vor dem Leben, ihr Stolz und ihre Machtgier Rechtfertigung finden. Diese Verführer zu ignorieren – auch das ist Teil wahrer Lebenskunst.

Ron Fischer

Montag

18

APRIL

Ostermontag

Einfach zum Nachdenken

Wahre Religion ist ganz leise, sie drängt nicht, missioniert nicht, überredet nicht, verführt nicht. Sie erzählt in Ruhe von sich selbst und freut sich über jede Antwort. Sie ist sich ihrer selbst vollkommen gewiss, weil sie echt, natürlich und schön ist und sich an das Echte, Natürliche und Schöne im Menschen richtet. Sie ist wahr und hat es deshalb zu keiner Sekunde nötig, ihre Wahrheit zu rechtfertigen oder gar für sie zu missionieren.

Skorpion

abnehmender Mond

Element:
Wasser
Tagesqualität:
Feuchte
Nahrungsqualität
Kohlenhydrate
Pflanzenteil:
Blatt
Körperzone:
Geschlechtsorgane
Organsystem:
Nervensystem

Dienstag

19

APRIL

Element:
Wasser
Tagesqualität:
Feuchte
Nahrungsqualität:
Kohlenhydrate
Pflanzenteil:
Blatt
Körperzone:
Geschlechtsorgane
Organsystem:
Nervensystem

Skorpion
abnehmender Mond

Der Mond in Garten und Feld. Ein Tipp für den Kräutersammeltag Skorpion: Mach einmal einen Versuch: Zerreibe selbstgesammelte und getrocknete Salbeiblätter zwischen den Fingern und atme ihren Duft ein. Und tue dann dasselbe mit gekauften Salbeiblättern aus dem Supermarkt. Genieße den Unterschied und ziehe daraus deine eigenen Schlüsse.

Mittwoch

20

APRIL

Rezepte für die »Alpha-Omega-Formel«. Heute: Mandelsuppe mit Zwiebelringen. Zutaten: 3 El Pflanzenöl * 2 Knoblauchzehen, feingehackt oder gepresst * 100 g geriebene Mandeln * 1 l Gemüsebrühe * 200 g Kartoffeln, geschält und gerieben * 1 paar Fäden Safran (spanischer, wenn verfügbar) * 7 El Olivenöl * 1 Stange Lauch, in feine Ringe geschnitten * 1 El Dinkelmehl. Und so geht's: Mandeln und Knoblauch im Pflanzenöl kurz andünsten, mit der Brühe ablöschen. *(Lies morgen weiter)*

Schütze
abnehmender Mond

Element:
Feuer
Tagesqualität:
Wärme
Nahrungsqualität:
Eiweiß, Frucht
Pflanzenteil:
Frucht
Körperzone:
Oberschenkel, Venen
Organsystem:
Sinnesorgane

Element:
Feuer
Tagesqualität:
Wärme
Nahrungsqualität:
Eiweiß, Frucht
Pflanzenteil:
Frucht
Körperzone:
Oberschenkel, Venen
Organsystem:
Sinnesorgane

Donnerstag 21 APRIL

(Fortsetzung von gestern) Kartoffeln und Safran zugeben und bei kleiner Hitze 15 Minuten kochen lassen. Dann die Suppe pürieren und mit Salz und Pfeffer (und vielleicht einem Hauch Muskat) abschmecken. Lauchringe im Mehl wenden, in einer kleinen Pfanne goldbraun braten und auf Küchenkrepp abtropfen lassen. Suppe auf 4 Teller verteilen und mit den Zwiebelringen garnieren. Diese Suppe schmeckt sicher auch Alpha-Typen, aber sie werden wahrscheinlich etwas müde davon.

Schütze
abnehmender Mond

Freitag 22 APRIL

Von der Heilkraft der Gewürze: Kurkuma. »Safran macht den Kuchen gel!« – aber Kurkuma erledigt den Job auch, und das sehr viel günstiger. Kurkuma ist ein gemahlener Wurzelstock, der frisch einen harzigen, leicht brennenden Geschmack hat, getrocknet schmeckt er mildwürzig und etwas bitter und wird vor allem wegen seiner Färbekraft verwendet, beispielsweise als wesentlicher Bestandteil von Currypulver. Kurkuma unterstützt sämtliche Verdauungsvorgänge. Curry färbt? Dann war es das Kurkuma. Kurkuma sollte dunkel und nicht zu lange gelagert werden, da die Farbe bei Licht schnell verblasst und es an Aroma verliert.

Element:
Erde
Tagesqualität:
Kälte
Nahrungsqualität:
Salz
Pflanzenteil:
Wurzel
Körperzone:
Knie, Knochen, Haut
Organsystem:
Kreislauf

Steinbock
abnehmender Mond

Samstag

23

APRIL

Welttag des Buches

Element:
Erde
Tagesqualität:
Kälte
Nahrungsqualität:
Salz
Pflanzenteil:
Wurzel
Körperzone:
Knie, Knochen, Haut
Organsystem:
Kreislauf

Steinbock
abnehmender Mond

Einfach zum Nachdenken

Die Schule soll stets danach trachten,
dass der junge Mensch sie als harmonische
Persönlichkeit verlasse,
nicht als Spezialist.

Albert Einstein

Sonntag

24

APRIL

Einfach zum Nachdenken

Auch wenn alle einer Meinung sind,
können alle unrecht haben.

Bertrand Russell

Wassermann
abnehmender Mond

Element:
Luft
Tagesqualität:
Licht
Nahrungsqualität:
Fett
Pflanzenteil:
Blüte
Körperzone:
Unterschenkel, Venen
Organsystem:
Drüsensystem

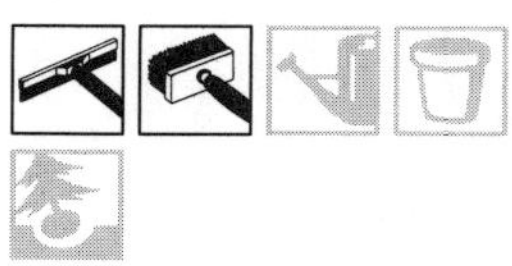

Element:
Luft
Tagesqualität:
Licht
Nahrungsqualität:
Fett
Pflanzenteil:
Blüte
Körperzone:
Unterschenkel, Venen
Organsystem:
Drüsensystem

Montag

25

APRIL

Einfach zum Nachdenken – zum morgigen Tschernobyl-Jahrestag.

Jeder Landstrich unserer Erde birgt Energie, die sich mit Hilfe der wahren Segnungen von Technik und Wissenschaft nutzen lässt. Wo wenig Wind, da viel Sonne. Wo wenig Sonne, da viel Wasser. Wo kein Wasser, da viel Erdwärme. Wo die eine Energieform zu wenig, da die andere in Überfluss. Ein »friedlicher« Atomreaktor dagegen ist nichts weniger als eine »friedliche« Atombombe. Atomkraft als Energiequelle ist eine für alle Zeiten unbeherrschbare Technologie – eine Sackgasse.

Wassermann
abnehmender Mond

Gesund bleiben, gesund werden. Am heutigen Fischetag wäre es noch wichtiger als sonst, in deiner Ernährung auf Qualität und Bio zu achten. Fischetage genau vor Neumond und übermorgen dann Widder machen den Stoffwechsel empfindlicher. So mancher wird die Widdertage mit Kopfschmerzen verbringen, ohne die Ursache zu ahnen. Viele gönnen sich ein echtes Zurückschalten nicht bzw. schaffen es nicht, weil die Pflichten sich häufen. Nimm auf die vorherrschenden Energien Rücksicht und verschiebe, was möglich ist. Es dürfte in diesen Tagen etwas leichter fallen.

Dienstag

26

APRIL

Element:
Wasser
Tagesqualität:
Feuchte
Nahrungsqualität:
Kohlenhydrate
Pflanzenteil:
Blatt
Körperzone:
Füße, Zehen
Organsystem:
Nervensystem

Fische
abnehmender Mond

Mittwoch

27

APRIL

Element:
Wasser
Tagesqualität:
Feuchte
Nahrungsqualität:
Kohlenhydrate
Pflanzenteil:
Blatt
Körperzone:
Füße, Zehen
Organsystem:
Nervensystem

Fische
abnehmender Mond

Gesund bleiben, gesund werden. Ein Wort zur Heilkraft von Farben: Wassertage, also Krebs, Skorpion und Fische, bringen oftmals eine besondere Atmosphäre, die bei vielen Menschen dafür sorgt, dass die »Nerven blank liegen«, dass man leichter reizbar und nervös wird. Gut zu beobachten ist das häufig im Arbeitsleben und im Straßenverkehr. Ein wirksames Gegenmittel für dich persönlich könnte die Verwendung der Farben Gelb und Grün in der Kleidung sein. Auch bei den Lebensmitteln, die du heute zum Kochen verwendest, würden sie helfen. Viel Grün im Essen hilft, Fischetage mit Nervenstärke zu überstehen.

Donnerstag

28

APRIL

Der besondere Tipp. An Widder- und Stiertagen sind die Ringfinger empfindlich. Besonders in den frühen Morgenstunden wacht man nicht selten mit geschwollenen Fingern auf. Wenn du gestern Abend zu viel oder das Falsche gegessen hast, muss sich an Widder die Lunge unnötig anstrengen. Das sorgt nicht nur für unruhigen Schlaf in den frühen Morgenstunden, sondern es kommt auch zu Stauungen. Umfasse als Abhilfe den Ringfinger mit der jeweils anderen Hand für kurze Zeit. Das hilft, die Blockaden auf natürliche Weise zu lockern. Widder und Stier sorgen bei Schlafmangel für den morgendlichen »traurigen Blick«.

Element:
Feuer
Tagesqualität:
Wärme
Nahrungsqualität:
Eiweiß, Frucht
Pflanzenteil:
Frucht
Körperzone:
Kopfbereich bis Oberkiefer
Organsystem:
Sinnesorgane

Widder
abnehmender Mond

Element:
Feuer
Tagesqualität:
Wärme
Nahrungsqualität:
Eiweiß, Frucht
Pflanzenteil:
Frucht
Körperzone:
Kopfbereich bis Oberkiefer
Organsystem:
Sinnesorgane

Freitag 29 APRIL

Von der Heilkraft der Gewürze: Senfsaat. Schwarz, gelb oder weiß, ganz und gemahlen – so kennen wir den scharf schmeckenden Senf in der Küche. Gebräuchlich ist vor allem die aus den mehr oder weniger fein gemahlenen Samen und weiteren Zutaten bereitete Würzpaste, genannt »Tafelsenf« oder »Mostrich«. Senf trägt zur leichteren Verdauung schwer bekömmlicher Speisen bei. Darüber hinaus ist Senf gesund, da die enthaltenen Senföle antibakteriell wirken und das Wachstum von verschiedenen Bakterien, Viren und Pilzen hemmen.

Widder
abnehmender Mond

Samstag 30 APRIL

Gesund bleiben, gesund werden. Rauchverbot oder nicht, das hat in vielen Ländern zu breiten Diskussionen geführt, besonders unter den Populisten. Wählerstimmen gegen Unvernunft einzutauschen ist aber langfristig ein schlechter Handel. Wer das Rauchen aufgeben möchte, sollte einen Neumondtag wie heute wählen. Er hilft über alle Entzugserscheinungen schnell hinweg. Vorher gut überlegen, was tun, wenn das Bedürfnis sehr stark ist. Am besten suchst du dir etwas, das nicht dick und müde macht. Ein »Krisenplan« ist wichtig, denn sonst funktioniert es nur mit eiserner Disziplin, und das macht keinen Spaß.

Element:
Feuer
Tagesqualität:
Wärme
Nahrungsqualität:
Eiweiß, Frucht
Pflanzenteil:
Frucht
Körperzone:
Kopfbereich bis Oberkiefer
Organsystem:
Sinnesorgane

21.27

Widder
Neumond

Sonntag

1

MAI

Maifeiertag

Element:
Erde
Tagesqualität:
Kälte
Nahrungsqualität:
Salz
Pflanzenteil:
Wurzel
Körperzone:
Unterkiefer, Halsregion
Organsystem:
Kreislauf

Stier
zunehmender Mond

Einfach zum Nachdenken

Es sind nicht die bunten Farben, die lustigen Töne,
die warme Luft, die uns im Frühling so begeistern,
es ist der stille weissagende Geist
unendlicher Hoffnungen,
ein Vorgefühl vieler froher Tage,
die Ahnung höherer ewiger Blüten und Früchte
und die dunkle Sympathie
mit der gesellig sich entfaltenden Welt.

Novalis

Montag

2

MAI

Gesund bleiben, gesund werden. Manche Menschen glauben immer noch, dass man sich nur bei einem erkälteten Menschen anstecken kann und fürchten jedes kleine Niesen des Nachbarn. Zu jedem Zeitpunkt jedoch tragen wir alle Erkältungsviren in uns, wie die Wissenschaft längst weiß. Ein gesundes Immunsystem und optimistische Gedanken halten sie in Schach. Wesentlich ist dabei eine gute Durchwärmung an Fußsohlen, Nieren, Brust und Halsbereich und bei Kindern auch auf der Scheiteldecke. Nicht vergessen: An Stiertagen ist die Halsregion empfindlicher als sonst. Ein blaues Halstuch wirkt am besten.

Stier
zunehmender Mond

Element:
Erde
Tagesqualität:
Kälte
Nahrungsqualität:
Salz
Pflanzenteil:
Wurzel
Körperzone:
Unterkiefer, Halsregion
Organsystem:
Kreislauf

Element:
Luft
Tagesqualität:
Licht
Nahrungsqualität:
Fett
Pflanzenteil:
Blüte
Körperzone:
Schultern, Arme, Hände
Organsystem:
Drüsensystem

Dienstag

3

MAI

Zwillinge
zunehmender Mond

Gesund bleiben, gesund werden. Manche Dinge sind schon sehr merkwürdig, was den Mondeinfluss betrifft, etwa der Umstand, dass Schokolade an Zwillingetagen belastend auf den Stoffwechsel wirkt. Das kann sich ganz unterschiedlich äußern – etwa als Kopfschmerzen, als starke Müdigkeit oder besonders bei Kindern als starke Unruhe, Nervosität und unkontrollierbarer Bewegungsdrang (der ja bei Kindern generell nach dem Verzehr von Süßigkeiten rasch einsetzt). Beobachte, wie Schokolade auf dich wirkt. Wir Menschen sind besonders auch in Bezug auf die Verträglichkeit bestimmter Nahrungsmittel sehr verschieden.

Mittwoch

4

MAI

Der Mond in Garten und Feld. Wie wäre es mit einem Versuch? Pflanze oder säe heute Vormittag Petersilie. Und dann verwende das genau gleiche Saatgut unter den gleichen Bedingungen an einem anderen Tag. Und schließlich, wenn sich dir die Frage aufdrängt, warum es solche Unterschiede gibt, meditiere ein wenig über die Tatsache, dass es zwischen Himmel und Erde unendlich viel mehr Dinge gibt, die wir nicht erklären können, als Dinge, für die wir heute eine Erklärung haben.

Element:
Luft
Tagesqualität:
Licht
Nahrungsqualität:
Fett
Pflanzenteil:
Blüte
Körperzone:
Schultern, Arme, Hände
Organsystem:
Drüsensystem

Zwillinge
zunehmender Mond

Donnerstag

5

MAI

Element:
Luft
Tagesqualität:
Licht
Nahrungsqualität:
Fett
Pflanzenteil:
Blüte
Körperzone:
Schultern, Arme, Hände
Organsystem:
Drüsensystem

Zwillinge
zunehmender Mond

Anekdoten – gut gewürzt. Ein englischer Offizier machte Urlaub in der Nähe von Kalkutta. Eines Tages wollte er an der Küste baden. Er fragte einen Eingeborenen, ob er ihm eine Stelle zeigen könne, wo er vor Haifischen sicher wäre. Der Inder zeigte ihm eine kleine Bucht. Der Engländer ging an der besagten Stelle schwimmen und bedankte sich hinterher beim Inder. »Ich werde mir die Stelle merken, damit meine Freunde auch hier ins Wasser gehen können. Es scheint hier wirklich keine Haifische zu geben.« »Nein, Sahib«, sagte der Inder. »Hier gibt es keine Haifische, die haben viel zu große Angst vor den Krokodilen.«

Freitag

6

MAI

Von der Heilkraft der Gewürze: Liebstöckel. Unser geliebtes »Küchenkraut« findet Verwendung als Gewürz, z. B. für Suppen, Pilzgerichte, Salate und vor allem auch Eintopfgerichte. Die Blätter können den ganzen Sommer über geerntet, getrocknet oder eingefroren werden. Auch hier ist die Liste der Heilwirkungen lang: von Verdauungsbeschwerden und Blähungen über Kältegefühle bis zu chronischen Katarrhen und bei Wechseljahresbeschwerden.

Krebs
zunehmender Mond

Element:
Wasser
Tagesqualität:
Feuchte
Nahrungsqualität:
Kohlenhydrate
Pflanzenteil:
Blatt
Körperzone:
Brustbereich, Lunge
Organsystem:
Nervensystem

Element:
Wasser
Tagesqualität:
Feuchte
Nahrungsqualität:
Kohlenhydrate
Pflanzenteil:
Blatt
Körperzone:
Brustbereich, Lunge
Organsystem:
Nervensystem

Samstag

7

MAI

Der besondere Tipp. Morgen ist Muttertag, deshalb ein Tipp für alle Mamas, die erst kürzlich Mutter geworden sind: Für viele von euch ist es eine große Erleichterung, wenn das Baby zum ersten Mal durchschläft. Eine ausgeruhte Mama ist dem Kind sicher eine bessere Mutter als eine erschöpfte Mutter ohne Schlaf. Du kannst es schaffen! Nr. 1 ist die richtige Ernährung, wenn du stillst: Fast kein Zucker (weißer Zucker gar nicht). Möglichst kein Kaffee, auch nicht grüner oder schwarzer Tee. Kein raffiniertes Weizenmehl, kein Orangensaft. Abends kein rohes Gemüse oder Salat und nur Bio-Produkte. Das hilft meist schon viel.

Krebs
zunehmender Mond

Humor ist gute Medizin. Ein Junge kommt in den Laden: »Ich möchte meiner Mama ein Geschenk zum Muttertag kaufen. Haben Sie eine Keksdose?« Die Verkäuferin fragt: »Welche Farbe möchtest du denn?« »Die Farbe ist eigentlich egal. Je leiser man den Deckel auf und zu machen kann, umso besser.«

Sonntag

8

MAI
Muttertag

Element:
Feuer
Tagesqualität:
Wärme
Nahrungsqualität:
Eiweiß, Frucht
Pflanzenteil:
Frucht
Körperzone:
Herzregion, Kreislauf
Organsystem:
Sinnesorgane

Löwe
zunehmender Mond

Montag

9

MAI

Element:
Feuer
Tagesqualität:
Wärme
Nahrungsqualität:
Eiweiß, Frucht
Pflanzenteil:
Frucht
Körperzone:
Herzregion, Kreislauf
Organsystem:
Sinnesorgane

Löwe
zunehmender Mond

Der besondere Tipp. Morgen beginnt wieder die besondere Zeit des »rückläufigen Merkur«! Also am besten von morgen an bis zum 3. Juni alles erledigen, was über lange Zeit liegen geblieben ist. Eine ideale Zeit um auszumisten, die Last der »schlechten alten Zeit« aus Dachböden und Kellern zu beseitigen und alle dunklen Ecken zu untersuchen, ob sich nicht Belastendes, Störendes gefangen hat (alter Staub beispielsweise wirkt stark belastend). Auch liegen gebliebene Büroakten lassen sich erfolgreich sortieren und einordnen. Und ab dem 3. Juni dann fang neu an! Das funktioniert in jedem Alter!

Dienstag

10

MAI

Rezepte für die »Alpha-Omega-Formel«. Heute: Armenische rote Linsensuppe. Zutaten: 3 El Pflanzenöl * 1 Stange Lauch, klein geschnitten * 1 gr. Knoblauchzehe * 1 TL Kreuzkümmel * 2 TL frischer Thymian * 1 große Tasse rote Linsen * 3 große Tassen Gemüsebrühe * 1 große Tasse kaltes Wasser * Salz, Pfeffer * 1 große Tasse getrocknete Aprikosen, kleingeschnitten * 6 große Tomaten, gewürfelt * ½ TL Zitronensaft * Minzblätter, Koriandergrün. Und so geht's: Öl in mittelgroßem Suppentopf stark erhitzen, Lauch golden anbraten, etwa 7 bis 10 Minuten. Hitze auf mittel zurücknehmen und zerdrückten Knoblauch zugeben, höchstens eine Minute mitbraten. *(Lies morgen weiter)*

Jungfrau
zunehmender Mond

Element:
Erde
Tagesqualität:
Kälte
Nahrungsqualität:
Salz
Pflanzenteil:
Wurzel
Körperzone:
Verdauungsorgane
Organsystem:
Kreislauf

Element:
Erde
Tagesqualität:
Kälte
Nahrungsqualität:
Salz
Pflanzenteil:
Wurzel
Körperzone:
Verdauungsorgane
Organsystem:
Kreislauf

Mittwoch

11

MAI

Jungfrau
zunehmender Mond

(Fortsetzung von gestern) Jetzt Kreuzkümmel, Thymian und Linsen zugeben und gut mischen. Brühe und Wasser hinzufügen und gut verrühren. Zum Kochen bringen und etwa 20 Minuten zugedeckt leicht köcheln lassen, bis die Linsen knapp al dente sind. Salzen und pfeffern nach Belieben, Aprikosen und Tomaten zugeben und weitere 15 bis 20 Minuten zugedeckt köcheln oder bis die Linsen sehr weich sind. Zitronensaft zufügen (ausgesprochene Omega-Typen können ihn auch weglassen) und gut umrühren. Heiß servieren, mit Minzblättern oder frischem Koriander garniert. Diese Suppe haben wir aus New York mitgebracht, sie gehört zu unseren Lieblingsgerichten!

Donnerstag

12

MAI

Gesund bleiben, gesund werden. Hast du es geschafft, während der Fastenzeit etwas kürzer zu treten? Wir gratulieren, es ist jetzt schwerer denn je. Wenn nicht, solltest du den heutigen Tag nutzen. Jungfrau eignet sich ganzjährig als sinnvoller Fastentag. So manch hartnäckige, ungesunde Gewohnheit lässt sich leichter in den Griff bekommen. Besonders das Abendessen sollte an Jungfrautagen besser ganz ausfallen. Darmbereich und Magen verzeihen Ernährungsfehler nur ungern. Gleichzeitig ein wenig Gymnastik für die Bauchmuskeln und das Ergebnis kann sich schon nach zwei Tagen sehen lassen!

Element:
Erde
Tagesqualität:
Kälte
Nahrungsqualität:
Salz
Pflanzenteil:
Wurzel
Körperzone:
Verdauungsorgane
Organsystem:
Kreislauf

Jungfrau
zunehmender Mond

Freitag

13

MAI

Element:
Luft
Tagesqualität:
Licht
Nahrungsqualität:
Fett
Pflanzenteil:
Blüte
Körperzone:
Hüfte, Nieren, Blase
Organsystem:
Drüsensystem

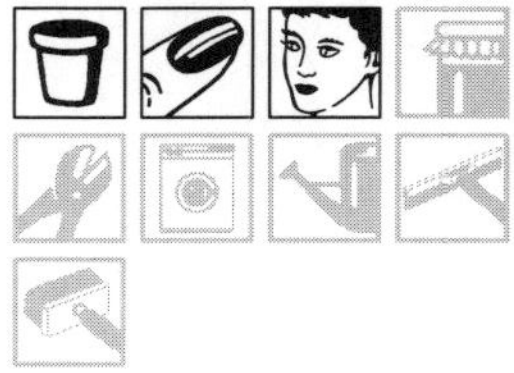

Waage
zunehmender Mond

Farbe ins Leben. Wir leben in einer vielfarbigen Welt, heute mehr denn je. Auch was den Mondkalender betrifft. Zum Tierkreiszeichen Waage gehören die Grundfarbe Gelb und die Kontrafarben Rot und Blau. Gelb in Kleidung und Lebensmitteln regt nicht nur die Inspiration an, sondern unterstützt auch Galle und Leber. Du kannst in Zukunft damit ruhig schon bei Jungfrau beginnen. Ebenfalls, was auch immer du an Waagetagen für das Drüsensystem tust, wirkt besser als an allen anderen Tagen. Der weit verbreitete Vitamin-C-Mangel lässt sich an Waage besser ausgleichen als bei anderen Tierkreiszeichen.

Samstag

14

MAI

Moon Power für Garten, Feld und Wald. Viele LeserInnen wollen endlich im Garten auf Chemie verzichten. Für diese lobenswerte Absicht hat die Natur einige Tipps parat: Pflücke beispielsweise Brennnesseln, etwa die Menge zweier großer Blumensträuße, und gib das Kraut in einen Eimer Wasser (etwa 10–15 Liter). Danach idealerweise 24 Stunden ziehen lassen, abseihen und etwas verdünnt in die Gießkanne füllen. Mit diesem Sud gieße dann morgens oder abends schädlingsbefallene Blumen, Kräuter und Sträucher. Notfalls an den Krebstagen in drei Wochen wiederholen. Der Erfolg der Prozedur spricht für sich.

Waage
zunehmender Mond

Element:
Luft
Tagesqualität:
Licht
Nahrungsqualität:
Fett
Pflanzenteil:
Blüte
Körperzone:
Hüfte, Nieren, Blase
Organsystem:
Drüsensystem

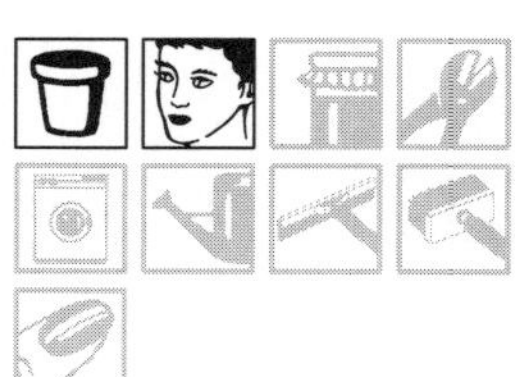

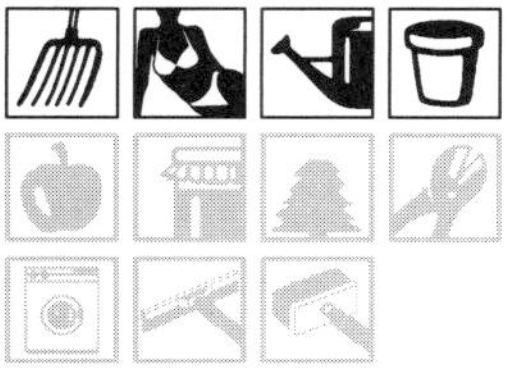

Element:
Wasser
Tagesqualität:
Feuchte
Nahrungsqualität:
Kohlenhydrate
Pflanzenteil:
Blatt
Körperzone:
Geschlechtsorgane
Organsystem:
Nervensystem

Sonntag

15

MAI

Skorpion
zunehmender Mond

Einfach zum Nachdenken

Es gibt nur zwei Tage im Jahr,
an denen man nichts tun kann.
Der eine ist gestern, der andere morgen.

Anonym

Montag

16

MAI

Gesund bleiben, gesund werden. An Vollmond eine kleine Erinnerung: Eine »Mondkur« gehört zu den wenigen Diätformen, um mit dauerhaftem Erfolg Pfunde loszuwerden. Lass dir Zeit damit und versuche es einmal: Bei abnehmendem Mond essen, was du gewohnt bist. Der Körper nimmt ohnehin nicht so gut auf, was man ihm zuführt. Achte dann bei zunehmendem Mond darauf, etwas weniger als normal zu essen, und lege bei Vollmond und Neumond einen Fastentag ein. Bei Vollmond speichert der Körper am wirkungsvollsten, und bei Neumond entgiftet und verbrennt er am besten. Nach einigen Wochen wartet eine gute Erfahrung auf dich. *(Lies auch morgen zum Thema.)*

Element:
Wasser
Tagesqualität:
Feuchte
Nahrungsqualität:
Kohlenhydrate
Pflanzenteil:
Blatt
Körperzone:
Geschlechtsorgane
Organsystem:
Nervensystem

05.12

Skorpion
Vollmond

Dienstag

17

MAI

Element:
Feuer
Tagesqualität:
Wärme
Nahrungsqualität:
Eiweiß, Frucht
Pflanzenteil:
Frucht
Körperzone:
Oberschenkel, Venen
Organsystem:
Sinnesorgane

Schütze
abnehmender Mond

Gesund bleiben, gesund werden. Heute wäre wieder einmal ein idealer Tag, um eine Blutreinigungskur zu beginnen. Bis zum 30. Mai nimmt der Mond ab, und genau so lange sollte deine Kur dauern. Wenn du dich damit wohl gefühlt hast, begleitet etwa von Brennnesseltee und dem Entschluss, nach 18 Uhr nichts mehr zu essen, dann möchtest du die Kur vielleicht wiederholen. Ideal ist dafür jede Phase des abnehmenden Mondes. Nicht vergessen: Damit Brennnesseltee seine entgiftende Wirkung tun kann, darf er nicht länger als eine Minute ziehen. Diese wichtige Info ist leider offenbar verloren gegangen.

Mittwoch

18

MAI

Moon Power für Garten, Feld und Wald. Der heutige Fruchttag erinnert uns an eine Erfahrung vom letzten Herbst. Wir hatten unseren vollen Kompostbehälter (aus Holz, unten offen) umgeschichtet, um die fertige Gartenerde zu gewinnen. Das Unterste zuoberst also. Ganz unten, in der bis dahin genau zwei Jahre alten Schicht, leuchtete uns eine rötliche Kugel entgegen, fast völlig intakt, ignoriert von Regenwürmern und anderem Getier: ein Nicht-Bio-Apfel aus dem Supermarkt. Weil er damals nicht schmeckte, landete er auf dem Kompost. Wir können solche zwangsgereiften Kunstprodukte nicht verstoffwechseln, nicht einmal die Regenwürmer …

Schütze
abnehmender Mond

Element:
Feuer
Tagesqualität:
Wärme
Nahrungsqualität:
Eiweiß, Frucht
Pflanzenteil:
Frucht
Körperzone:
Oberschenkel, Venen
Organsystem:
Sinnesorgane

Donnerstag 19 MAI

Element:
Erde
Tagesqualität:
Kälte
Nahrungsqualität:
Salz
Pflanzenteil:
Wurzel
Körperzone:
Knie, Knochen, Haut
Organsystem:
Kreislauf

Der Mond – dein guter Freund in Haushalt und Alltag. Im ersten Halbjahr taucht Steinbock alljährlich immer im abnehmendem Mond auf – eine Einladung, diese Tage besonders für die Arbeit mit Holz zu nutzen, zum Basteln, Bauen, Renovieren. An diesen Tagen verarbeitetes Holz und Holzverbindungen bleiben fest und ruhig. Nach Natur- und Mondrhythmen verarbeitet und eingebaut gibt sich Holz zufrieden, es hat Raum. Besondere Schutzmittel sind meist überflüssig, in Innenräumen ohnehin. Für den Außenbereich ist Überstreichen mit natürlichen Ölen, Lasuren und Farben im Abstand von anfangs zwei, später sieben Jahren völlig ausreichend.

Steinbock
abnehmender Mond

Freitag 20 MAI

Von der Heilkraft der Gewürze: Lorbeerblätter. Das feine Aroma der Blätter des Lorbeerbaums passt zu Suppen und Eintöpfen. Bei uns landen einige Blätter regelmäßig im Sauerkraut, zusammen mit ein paar Wacholderbeeren. Ein paar Blätter Lorbeer verfeinern Eintöpfe oder deftige Gerichte. Es ist aber nicht nur ein leckeres Gewürz, sondern überrascht auch mit sehr viel heilenden Eigenschaften. Verschiedene Anwendungen mit den Blättern des Lorbeerbaums lindern Verspannungen, Gelenkprobleme, Infekte oder Diabetes.

Element:
Erde
Tagesqualität:
Kälte
Nahrungsqualität:
Salz
Pflanzenteil:
Wurzel
Körperzone:
Knie, Knochen, Haut
Organsystem:
Kreislauf

Steinbock
abnehmender Mond

Samstag

21

MAI

Element:
Luft
Tagesqualität:
Licht
Nahrungsqualität:
Fett
Pflanzenteil:
Blüte
Körperzone:
Unterschenkel, Venen
Organsystem:
Drüsensystem

Wassermann
abnehmender Mond

Schön sein, schön bleiben. In die Körperpflege gehören auch vernachlässigte Regionen einbezogen, zum Beispiel die Unterschenkel. Wer nicht gerade Probleme mit Krampfadern oder zu starker Behaarung hat, der vergisst meist diese so wichtige Körperzone und besonders ihre Fortsetzung nach oben, die Kniekehlen. Zahllose Blutbahnen, Nervenbahnen und Sehnen wandern durch die Unterschenkel. Zumindest an den Wassermanntagen solltest du deshalb an eine kurze, liebevolle Massage mit einem guten Entschlackungsöl denken. Sie danken es dir mit einem ungeahnten Wohlgefühl im ganzen Körper.

Sonntag

22

MAI

Einfach zum Nachdenken

Der Mensch aber, der einmal den Mut zu sich selber gefühlt hat, ach, dem ist an Politik nicht das mindeste mehr gelegen, sei sie nun monarchisch oder demokratisch, revolutionär oder konservativ. Ihn kümmert anderes. Sein »Eigensinn« ist wie der tiefe, herrliche, gottgewollte Eigensinn jedes Grashalms auf nichts anderes gerichtet als auf sein eigenes Wachstum. »Egoismus«, wenn man will. Allein dieser Egoismus ist ein ganz und gar anderer als der verrufene des Geldsammlers oder des Machtehrgeizigen.

Hermann Hesse

Element:
Luft
Tagesqualität:
Licht
Nahrungsqualität:
Fett
Pflanzenteil:
Blüte
Körperzone:
Unterschenkel, Venen
Organsystem:
Drüsensystem

Wassermann
abnehmender Mond

Element:
Wasser
Tagesqualität:
Feuchte
Nahrungsqualität:
Kohlenhydrate
Pflanzenteil:
Blatt
Körperzone:
Füße, Zehen
Organsystem:
Nervensystem

Montag 23 MAI

Fische
abnehmender Mond

Moon Power für Garten, Feld und Wald. Die letzte ideale Möglichkeit im Jahr, Kartoffeln zu setzen, ist auch abhängig von Klima und Region. Im Bergland kommt es nicht selten vor, dass erst im Juni gesetzt wird. Der abnehmende Mond im Tierkreiszeichen Fische (heute und morgen!) als idealer Setzzeitpunkt ist ein reiner Erfahrungswert, erklären können wir ihn nicht. Das ist aber ja nicht weiter schlimm und ist bei der Anwendung des Mondwissens ja schon beinahe normal. Wenn du zum falschen Zeitpunkt bei zunehmendem Mond setzt, wachsen die Kartoffeln aus der Erde, werden grün und damit ungenießbar bis giftig.

Dienstag 24 MAI

Moon Power für Garten, Feld und Wald. Am Gießtag Fische ein Eintrag aus dem kleinen »Lexikon für Gartenutensilien«: Die Gießkanne, das unentbehrliche Gartengerät! Sie sollte einen langen Schnabel aufweisen, um kleine Pflänzchen direkt zu erreichen, wenn man sie eben erst gesetzt hat. Niemals direkt auf die Pflanzen gießen, sondern in die Mulde außen herum. Das gilt generell für alles künstliche Bewässern: immer in die Erde um den Stamm herum. Nur an Wassertagen (Krebs, Skorpion, Fische) sind die Pflanzen nicht so empfindlich. Bei trübem Wetter kann auch ausnahmsweise direkt darüber gegossen werden.

Element:
Wasser
Tagesqualität:
Feuchte
Nahrungsqualität:
Kohlenhydrate
Pflanzenteil:
Blatt
Körperzone:
Füße, Zehen
Organsystem:
Nervensystem

Fische
abnehmender Mond

Mittwoch

25

MAI

Element:
Feuer
Tagesqualität:
Wärme
Nahrungsqualität:
Eiweiß, Frucht
Pflanzenteil:
Frucht
Körperzone:
Kopfbereich bis Oberkiefer
Organsystem:
Sinnesorgane

Widder
abnehmender Mond

Schön sein, schön bleiben. Thema heute am »Augentag« Widder: Tränensäcke, ein häufiges Symptom, von vielen als unvermeidliche Alterserscheinung abgetan. Wie entstehen sie? In erster Linie solltest du auf gute Lungenfunktion achten, in zweiter Linie auf die Gesundheit der Nieren. Auch Eisenmangel führt zu dunklen Ringen unter den Augen. Eisenmangel entsteht oftmals nicht durch zu wenig Eisen, sondern weil das Eisen nicht aufgenommen werden kann. Der Grund ist nicht selten Kupfermangel, denn erst Kupfer sorgt für eine gute Aufnahme von Eisen. Ein Kupferarmband kann hier gute Dienste leisten.

Donnerstag

26

MAI
Christi Himmelfahrt

Einfach zum Nachdenken

Die Großen hören auf zu herrschen,
wenn die Kleinen aufhören zu kriechen.

Friedrich Schiller

Widder
abnehmender Mond

Element:
Feuer
Tagesqualität:
Wärme
Nahrungsqualität:
Eiweiß, Frucht
Pflanzenteil:
Frucht
Körperzone:
Kopfbereich bis Oberkiefer
Organsystem:
Sinnesorgane

Element:
Feuer
Tagesqualität:
Wärme
Nahrungsqualität:
Eiweiß, Frucht
Pflanzenteil:
Frucht
Körperzone:
Kopfbereich bis Oberkiefer
Organsystem:
Sinnesorgane

Freitag
27
MAI

Widder
abnehmender Mond

Rezepte für die »Alpha-Omega-Formel«. Heute: Hokkaido-Kürbissuppe. Zutaten: 2 Zwiebeln, klein geschnitten * ca. 30 g Butter oder Ghee * etwa 1 kg Hokkaidokürbis, grob gewürfelt, mit Schale * 4 Kartoffeln und 2 Karotten, jeweils ebenfalls gewürfelt * 1 ¼ Liter Wasser oder Gemüsebrühe * 100 ml »Cuisine« (Soja, Hafer, Mandel etc.) * 2 EL gehackte Petersilie. Und so geht's: Die Zwiebelwürfel in zerlassener Butter anbraten, bis sie leicht braun sind und duften. Dann Kartoffeln, Karotten und Kürbis zugeben und mit anbraten. *(Lies morgen weiter)*

(Fortsetzung von gestern) Wasser oder Brühe addieren und alles etwa 20 Minuten lang köcheln lassen. Mit einem Mixstab pürieren und nach Bedarf mit Salz und Gewürzen abschmecken.Vom Herd nehmen und »Cuisine« und Petersilie unterrühren. Am Esstisch eventuell einige geröstete Kürbiskerne und Kürbiskernöl zum Verfeinern bereithalten. Nach Belieben und persönlichem Geschmack verwenden wir manchmal etwas Zucker, Muskat, Curry, Tamari oder andere Lieblingsgewürze.

Samstag
28
MAI

Element:
Erde
Tagesqualität:
Kälte
Nahrungsqualität:
Salz
Pflanzenteil:
Wurzel
Körperzone:
Unterkiefer, Halsregion
Organsystem:
Kreislauf

Stier
abnehmender Mond

Sonntag

29

MAI

Element:
Erde
Tagesqualität:
Kälte
Nahrungsqualität:
Salz
Pflanzenteil:
Wurzel
Körperzone:
Unterkiefer, Halsregion
Organsystem:
Kreislauf

Stier
abnehmender Mond

Einfach zum Nachdenken

Nur die Lüge braucht Staatsgewalt.
Die Wahrheit steht von alleine aufrecht.

Peter Ustinov

Montag

30

MAI

Gesund bleiben, gesund werden. Dass man »regionale« Lebensmittel einkaufen sollte, diese Empfehlung hört man oft, aber einer der besten Gründe dafür ist immer noch kaum bekannt: Heimische Nahrungspflanzen enthalten nämlich alle schützenden und nährenden Elemente, die die Menschen in der Region brauchen – vorausgesetzt, die Pflanzen gedeihen natürlich und von Chemie unberührt. Ihre innere Lebendigkeit kann der Körper besser aufnehmen. Heimische Pflanzen sind zudem fähig, mit schwächenden Einflüssen der Umgebung fertig zu werden. Diese Fähigkeit stärkt unsere Immunkräfte. Ausführlich schreiben wir darüber in unserem Buch *Die Alpha-Omega-Formel*.

12.29

Zwillinge
Neumond

Element:
Luft
Tagesqualität:
Licht
Nahrungsqualität:
Fett
Pflanzenteil:
Blüte
Körperzone:
Schultern, Arme, Hände
Organsystem:
Drüsensystem

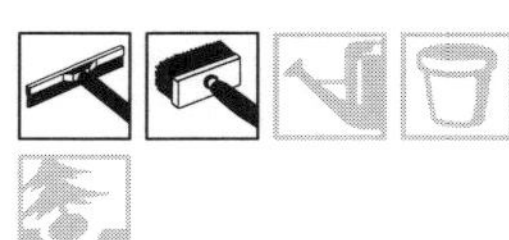

Element:
Luft
Tagesqualität:
Licht
Nahrungsqualität:
Fett
Pflanzenteil:
Blüte
Körperzone:
Schultern, Arme, Hände
Organsystem:
Drüsensystem

Dienstag 31 MAI

Zwillinge
zunehmender Mond

Anekdoten – gut gewürzt. Ludwig Devrient war in den Jahren um 1830 der überragende Darsteller am Berliner Hoftheater und der beste Freund des Dichters E. T. A. Hoffmann. Beide haben in der Weinstube von Lutter & Wegner mancher Flasche den Hals gebrochen, und dort war es auch, wo Devrient für den Schaumwein den Namen Sekt erfand. Eines Abends, als er Shakespeares Richard III. spielte, lief er, wie es die Rolle vorschreibt, in der letzten Szene auf der Bühne auf und ab, verzweifelt schreiend: »Ein Pferd! Ein Pferd! Ein Königreich für'n Pferd!« Von der Galerie ertönte eine Stimme: »Kann's nicht auch ein Esel sein?« »Warum nicht?«, rief Devrient hinauf. »Kommen Sie nur herunter!«

Mittwoch 1 JUNI

Der besondere Tipp. Zwillinge regiert auch die Hände, deshalb ein Spezialtipp fürs Joggen, das ja nicht nur in diesen Tagen von vielen leidenschaftlich betrieben wird. Frage: Würdest du dir beim Laufen einen Holzklotz ans Bein binden? Wenn du beim Wandern, Spazierengehen oder eben beim Joggen ständig irgendein Objekt in der Hand hältst – etwa eine Wasserflasche oder dein Handy, dann wirkt das ähnlich. Diese Objekte haben allesamt eine schwächende Wirkung. Die persönliche Erfahrung weist den Weg: Laufe einfach einmal einige Zeit »mit« und einige Zeit »ohne« und fühle den Unterschied.

Element:
Luft
Tagesqualität:
Licht
Nahrungsqualität:
Fett
Pflanzenteil:
Blüte
Körperzone:
Schultern, Arme, Hände
Organsystem:
Drüsensystem

Zwillinge
zunehmender Mond

Donnerstag

2

JUNI

Element:
Wasser
Tagesqualität:
Feuchte
Nahrungsqualität:
Kohlenhydrate
Pflanzenteil:
Blatt
Körperzone:
Brustbereich, Lunge
Organsystem:
Nervensystem

Krebs
zunehmender Mond

Moon Power für Garten, Feld und Wald. Endivien solltest du Ende Mai, Anfang Juni säen, ideal an den Blatttagen Krebs oder Skorpion, also heute und morgen! Sommer-Endivien ergeben einen köstlichen Salat und sind nicht so bitter. Schön dünn säen und später im Abstand von 15 x 15 cm setzen. Dann haben die Köpfe automatisch Halt aneinander und müssen nicht zusammengebunden werden. Alle Salatbeete beglücken wir mit Zwiebeln, die wir später nach Bedarf herausnehmen. Die Zwiebeln nach der Salaternte in Ruhe lassen und nach der Reife die Zwiebelhalme einfach umknicken und die Zwiebeln noch einige Zeit stehen lassen.

Freitag

3

JUNI

Von der Heilkraft der Gewürze: Majoran. Majoran ist sehr würzig und hat einen hohen Anteil an ätherischen Ölen. Die Blätter werden frisch oder getrocknet zum Würzen von Kartoffelgerichten, Suppen (Kartoffelsuppe), Soßen und Hülsenfrüchten verwendet. Zum Trocknen werden die ganzen Stängel geerntet, deshalb enthält getrockneter Majoran Blätter, Stängel, Knospen und Blüten. Das Küchenkraut bereichert nicht nur den Geschmack, sondern auch die Gesundheit. Es wirkt verdauungsfördernd, lindert Krampfe und Blähungen. Aus diesem Grund werden vor allem schwere, fettige Speisen mit Majoran gewürzt.

Krebs
zunehmender Mond

Element:
Wasser
Tagesqualität:
Feuchte
Nahrungsqualität:
Kohlenhydrate
Pflanzenteil:
Blatt
Körperzone:
Brustbereich, Lunge
Organsystem:
Nervensystem

Element:
Feuer
Tagesqualität:
Wärme
Nahrungsqualität:
Eiweiß, Frucht
Pflanzenteil:
Frucht
Körperzone:
Herzregion, Kreislauf
Organsystem:
Sinnesorgane

Samstag

4

JUNI

Gesund bleiben, gesund werden. Wie schon öfter erwähnt, spielt bei Löwe der Kreislauf manchmal ein wenig verrückt und kann zu Schlaflosigkeit oder sogar zu Herzproblemen führen. Wenn du schon einmal diese Erfahrung gemacht hast, möchten wir dir ein altes Rezept zur Normalisierung vorstellen: Weiche einen gehäuften Teelöffel Mistelkraut 12 Stunden in einem Viertelliter kaltem Wasser ein. Dann etwas anwärmen, abseihen und schluckweise trinken. Täglich drei Tassen davon, und der Kreislauf kommt in Ordnung. Angenehmer Nebeneffekt: Auch ein gedämpfter Arbeitseifer kommt wieder in Schwung.

Löwe
zunehmender Mond

Einfach zum Nachdenken

Was uns die Sonntagspredigt nur selten nahebringt: Wenn ich mit Menschen- und mit Engelszungen redete und hätte der Liebe nicht, so wäre ich ein tönend Erz oder eine klingende Schelle. Und wenn ich weissagen könnte und wüsste alle Geheimnisse und alle Erkenntnis und hätte allen Glauben, also dass ich Berge versetzte, und hätte der Liebe nicht, so wäre ich nichts. Und wenn ich alle meine Habe den Armen gäbe und ließe meinen Leib brennen und hätte der Liebe nicht, so wäre mir's nichts nütze.
(Lies morgen weiter)

Sonntag

5

JUNI
Pfingstsonntag

Element:
Feuer
Tagesqualität:
Wärme
Nahrungsqualität:
Eiweiß, Frucht
Pflanzenteil:
Frucht
Körperzone:
Herzregion, Kreislauf
Organsystem:
Sinnesorgane

Löwe
zunehmender Mond

Montag

6

JUNI

Pfingstmontag

Element:
Feuer
Tagesqualität:
Wärme
Nahrungsqualität:
Eiweiß, Frucht
Pflanzenteil:
Frucht
Körperzone:
Herzregion, Kreislauf
Organsystem:
Sinnesorgane

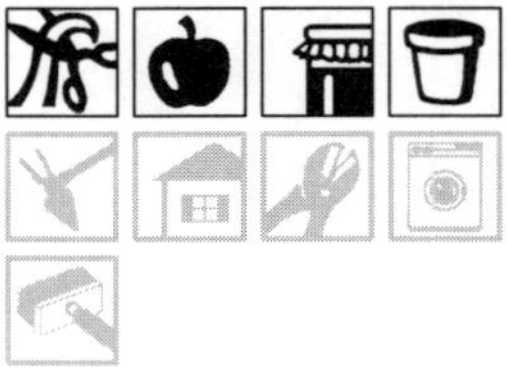

Löwe
zunehmender Mond

(Fortsetzung von gestern)

Die Liebe ist langmütig und freundlich, die Liebe eifert nicht, die Liebe treibt nicht Mutwillen, sie blähet sich nicht. Sie stellt sich nicht ungebärdig, sie suchet nicht das ihre, sie lässt sich nicht erbittern, sie rechnet das Böse nicht zu. Sie freuet sich nicht der Ungerechtigkeit; sie freuet sich aber der Wahrheit. Sie erträgt alles, sie glaubet alles, sie hoffet alles, sie duldet alles. Die Liebe höret nimmer auf, so doch die Weissagungen aufhören werden und die Sprachen aufhören werden und die Erkenntnis aufhören wird.

1. Korinther 13

Dienstag

7

JUNI

Einfach zum Nachdenken

Einst erschien ein jungerMann in einem türkischen Bad in Istanbul. Man schenkte ihm kaum Beachtung, gab ihm ein altes Handtuch und überließ ihn nach der obligaten Kurzmassage seinem Schicksal. Beim Verlassen des Bades gab er den Bediensteten ein fürstliches Trinkgeld in Form eines Goldstücks. Als er am nächsten Tag wiederkam, sprangen alle Masseure und Diener hervor und machten seinen Aufenthalt zu einem Ereignis, würdig eines Menschen von hoher Stellung. Diesmal gab er als Trinkgeld die kleinste Kupfermünze des Landes und sagte: »Das ist für gestern. Das Goldstück war für heute.«

Jungfrau
zunehmender Mond

Element:
Erde
Tagesqualität:
Kälte
Nahrungsqualität:
Salz
Pflanzenteil:
Wurzel
Körperzone:
Verdauungsorgane
Organsystem:
Kreislauf

Element:
Erde
Tagesqualität:
Kälte
Nahrungsqualität:
Salz
Pflanzenteil:
Wurzel
Körperzone:
Verdauungsorgane
Organsystem:
Kreislauf

Mittwoch
8
JUNI

Der besondere Tipp. Du planst »trotz allem« einen Urlaub? LeserInnen fragen öfter, ob der Mondkalender auch das Wetter zur geplanten Reisezeit vorhersagen kann, beispielsweise für einen Motorradurlaub. Verständlich, denn eine gewisse Garantie wäre fein. Die alten Wetterregeln sind aber heute leider kaum noch erfolgreich anwendbar. Sie besaßen früher Gültigkeit, aber stets nur in einem eng begrenzten Gebiet. Da genügte es, Form, Farbe und Geschwindigkeit der Wolken oder das Verhalten der Tiere zu beobachten, um für zwei bis drei Tage im Voraus das Wetter korrekt zu bestimmen.

Jungfrau
zunehmender Mond

Gesund bleiben, gesund werden. Eine wiederholte Anregung für den »Hüfttag« Waage: Wer unter chronischen Hüftproblemen leidet, sollte einmal gründlich die Kiefer untersuchen lassen. Die Zusammenhänge sind erstaunlich, und oftmals hat eine Sanierung des Gebisses auch die Linderung von Hüftproblemen zur Folge. Unser Tipp für die Hüfte: Radfahren ist eine Sportart, die du auch in höherem Alter beginnen oder ausüben kannst. Du würdest damit viel für deine Gesundheit tun! Es stärkt nicht nur deine Abwehrkräfte und Leistungsfähigkeit, es kräftigt Hüften und angeschlagene Knie.

Donnerstag
9
JUNI

Element:
Luft
Tagesqualität:
Licht
Nahrungsqualität:
Fett
Pflanzenteil:
Blüte
Körperzone:
Hüfte, Nieren, Blase
Organsystem:
Drüsensystem

Waage
zunehmender Mond

Freitag

10

JUNI

Element:
Luft
Tagesqualität:
Licht
Nahrungsqualität:
Fett
Pflanzenteil:
Blüte
Körperzone:
Hüfte, Nieren, Blase
Organsystem:
Drüsensystem

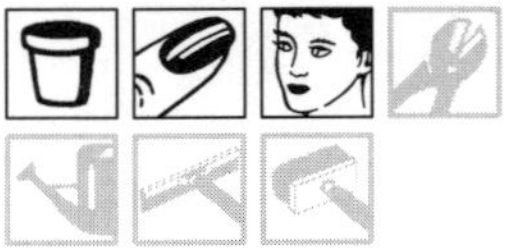

Waage
zunehmender Mond

Gesund bleiben, gesund werden. Ist es dir gelungen, am letzten Neumond einen Fastentag einzulegen? Den Erfolg würdest du harmonisch ergänzen, wenn du heute (beziehungsweise generell an Zwillinge, Waage und Wassermann) darauf achtest, fettarme Nahrungsmittel zu bevorzugen. Beobachte einmal, ob du heute und morgen tierisches (Butter, Ghee – Alpha-Typ) oder pflanzliches Fett (Omega-Typ) besser verträgst als sonst oder weniger gut als sonst. Waagetage lassen dich den Unterschied deutlicher wahrnehmen und einfacher Schlüsse für deine an dich ganz persönlich angepasste Ernährung ziehen.

Samstag

11

JUNI

Gesund bleiben, gesund werden. Mond im Skorpion ist immer ein Tag, der nach einigen Tassen Schafgarbentee ruft, am besten nachmittags zwischen 15 und 19 Uhr getrunken, wenn Blase und Nieren am besten arbeiten. Schafgarbe ist ein ideales Kraut gegen Kopfschmerzen und bei Stress, obendrein ein idealer Frauentee. Einfach direkt von der Wiese pflücken, ausschütteln, mit kochendem Wasser überbrühen und mindestens sieben Minuten ziehen lassen. Eine Handvoll reicht für einen Viertel- bis halben Liter. Schafgarbe gekauft leistet gute Dienste, frisch wäre aber wirksamer, weil sie in deiner Nähe immer für dich wächst.

Skorpion
zunehmender Mond

Element:
Wasser
Tagesqualität:
Feuchte
Nahrungsqualität:
Kohlenhydrate
Pflanzenteil:
Blatt
Körperzone:
Geschlechtsorgane
Organsystem:
Nervensystem

Element:
Wasser
Tagesqualität:
Feuchte
Nahrungsqualität:
Kohlenhydrate
Pflanzenteil:
Blatt
Körperzone:
Geschlechtsorgane
Organsystem:
Nervensystem

Sonntag 12 JUNI

Skorpion
zunehmender Mond

Einfach zum Nachdenken

Fürchte dich nie, nie, niemals davor, das zu tun,
was richtig ist, speziell dann,
wenn das Wohl eines Menschen oder
eines Tieres auf dem Spiel steht.
Die Strafe der Gesellschaft ist nichts,
verglichen mit den Wunden,
die wir unserer Seele zufügen,
wenn wir wegschauen.

Martin Luther King

Montag 13 JUNI

Gesund bleiben, gesund werden. Mondkalender-Einmaleins: Widder-, Löwe- und Schützetage regieren das Organsystem Sinnesorgane. Das bedeutet, was du an diesen Tagen für deine Sinnesorgane tust, wirkt doppelt wohltuend, vorbeugend und heilend, etwa ein Augenumschlag oder ein Tropfen Johanniskrautöl für die Ohren. Alles, was in diesen Tagen die Sinnesorgane stärker belastet, wirkt dagegen ungünstiger als an anderen Tagen. Etwa zu langes Arbeiten am Bildschirm. Raucher haben fast alle Probleme mit dem Geruchssinn. An diesen Tagen stört sogar Raucher der neblige Dunst mehr als sonst.

Element:
Feuer
Tagesqualität:
Wärme
Nahrungsqualität:
Eiweiß, Frucht
Pflanzenteil:
Frucht
Körperzone:
Oberschenkel, Venen
Organsystem:
Sinnesorgane

Schütze
zunehmender Mond

Dienstag

14

JUNI

Element:
Feuer
Tagesqualität:
Wärme
Nahrungsqualität:
Eiweiß, Frucht
Pflanzenteil:
Frucht
Körperzone:
Oberschenkel, Venen
Organsystem:
Sinnesorgane

12.50

Schütze
Vollmond

Gesund bleiben, gesund werden. Der abnehmende Mond bringt ab heute ideale 14 Tage fürs Entschlacken und Entgiften. Gönn dir deshalb wieder einmal ein »Sieben-Tage-Abenteuer« – eine Erfahrung fürs Leben. Trinke zum Beispiel einmal mindestens eine Woche lang jeden Morgen statt Schwarztee oder Kaffee eine Tasse Thymiantee. Ein gehäufter Teelöffel pro Tasse, überbrühen, nur 30 Sekunden ziehen lassen, abseihen und nicht zu hastig trinken. Er entgiftet den Körper von alten Schlacken. Auch wenn sich während der ersten beiden Tage Entzugserscheinungen einstellen – halte durch! Es lohnt sich.

Mittwoch

15

JUNI

Der Mond – dein guter Freund in Haushalt und Alltag. Der Steinbock im abnehmenden Mond kann viel: Mit Wegschotter gewalzte Flächen beispielsweise bleiben wunderbar glatt. Sie waschen sich auch nach starkem Regen nicht aus und rutschen nicht ab. Sie erhitzen sich im Sommer nicht, sperren den Regen nicht vor der Erde aus. Auch die vielen kleineren Gehflächen im Außenbereich sollten bei abnehmendem Mond in Steinbock angelegt werden, beispielsweise zwischen Blumenbeeten oder um einen Teich herum. Einfach nur auf den Boden aufgelegte Bretter, Steine oder Platten wackeln nicht und verbinden sich fest mit dem Erdreich.

Steinbock
abnehmender Mond

Element:
Erde
Tagesqualität:
Kälte
Nahrungsqualität:
Salz
Pflanzenteil:
Wurzel
Körperzone:
Knie, Knochen, Haut
Organsystem:
Kreislauf

Element:
Erde
Tagesqualität:
Kälte
Nahrungsqualität:
Salz
Pflanzenteil:
Wurzel
Körperzone:
Knie, Knochen, Haut
Organsystem:
Kreislauf

Donnerstag

16

JUNI
Fronleichnam

Steinbock
abnehmender Mond

Einfach zum Nachdenken

Wenn du von großer Freude erfüllt bist,
mache keine Versprechungen.
Wenn du Hass spürst,
beantworte keinen Brief.

Afrikanischer Spruch

Freitag

17

JUNI

Wassermann
abnehmender Mond

Moon Power für Garten, Feld und Wald. Am morgigen 18. Juni gilt bis mittags, dass ausgerissene Pflanzen nicht mehr nachkommen. Diese uralte Regel könntest du morgen wieder einmal ausprobieren. Nur Abschneiden oder Abmähen genügt nicht, das unerwünschte Kraut muss mitsamt der Wurzel ausgerissen werden. Um sich nicht während des ganzen Jahres plagen zu müssen, ist ein solcher »Schwendtag« ideal und sollte möglichst genutzt werden. Lade dir ein paar Freunde zum Helfen ein und belohnt euch dann mit einer guten Jause. Mit dieser Methode lassen sich auch lästige invasive Pflanzen in den Griff bekommen.

Element:
Luft
Tagesqualität:
Licht
Nahrungsqualität:
Fett
Pflanzenteil:
Blüte
Körperzone:
Unterschenkel, Venen
Organsystem:
Drüsensystem

Samstag

18

JUNI

Element:
Luft
Tagesqualität:
Licht
Nahrungsqualität:
Fett
Pflanzenteil:
Blüte
Körperzone:
Unterschenkel, Venen
Organsystem:
Drüsensystem

Wassermann
abnehmender Mond

Von der Heilkraft der Gewürze: Muskatnuss. In der Küche verwenden wir normalerweise frisch geriebene Muskatnuss, weil ihr Aroma leicht flüchtig ist. Das Gewürz wird allgemein in Kartoffelgerichten, Suppen und Eintöpfen und in Feingebäck verwendet. Es eignet sich auch als Gewürz für Spinat, Blumenkohl, Rosenkohl, Kohlrabi, Rotkohl, Erbsen und Karotten sowie Pastinaken. Traditionell wird Muskatnuss auch zur Konservierung von Speisen verwendet, sie besitzt antiseptische und desinfizierende Wirkung. In der traditionellen indischen Medizin des Ayurveda wird sie gegen Durchfallerkrankungen eingesetzt.

Sonntag

19

JUNI

Einfach zum Nachdenken

Wenn frischer Wind weht,
schließen einige die Fenster.
Andere setzen die Segel.

Markus Wind

Wassermann
abnehmender Mond

Element:
Luft
Tagesqualität:
Licht
Nahrungsqualität:
Fett
Pflanzenteil:
Blüte
Körperzone:
Unterschenkel, Venen
Organsystem:
Drüsensystem

Element:
Wasser
Tagesqualität:
Feuchte
Nahrungsqualität:
Kohlenhydrate
Pflanzenteil:
Blatt
Körperzone:
Füße, Zehen
Organsystem:
Nervensystem

Montag

20

JUNI

Fische
abnehmender Mond

Rezepte für die »Alpha-Omega-Formel«. Heute: Bananen-Curry-Cremesuppe. Zutaten: 30 g Biomargarine oder etwas Öl * 1 Stange Lauch (nur das Weiße, fein geschnitten) * 1 Knoblauchzehe * 2 Bananen, eine davon geteilt * 2 EL Curry * 40 g gemahlene Hirse * 1 l Gemüsebrühe * 125 ml Sojamilch oder Sojasahne (»Cuisine«), wenn du es noch cremiger willst * Salz, Pfeffer, Sojasoße zum Abschmecken. Und so geht's: Lauch würfeln und in Margarine oder Öl anschwitzen. Dann Knoblauch addieren und noch eine Minute mitbraten. *(Lies morgen weiter)*

Dienstag

21

JUNI

(Fortsetzung von gestern) 1,5 Bananen mit der Gabel zerdrücken und dazugeben. Mit ca. 2 EL Curry bestäuben und die Hirse unterrühren. Mit der Gemüsebrühe auffüllen, erhitzen und mit einem Stabmixer pürieren. Die restliche Banane feinschneiden und in die Suppe geben. Sojacreme oder Sojamilch einrühren. Noch einmal leicht erhitzen, aber nicht mehr aufkochen. Mit Salz, Pfeffer und Sojasoße abschmecken. Ein wahres Essvergnügen! Schmeckt natürlich auch dem Alpha-Typ, aber Banane und Margarine werden ihn etwas »bremsen«.

Element:
Wasser
Tagesqualität:
Feuchte
Nahrungsqualität:
Kohlenhydrate
Pflanzenteil:
Blatt
Körperzone:
Füße, Zehen
Organsystem:
Nervensystem

Fische
abnehmender Mond

Mittwoch

22

JUNI

Element:
Feuer
Tagesqualität:
Wärme
Nahrungsqualität:
Eiweiß, Frucht
Pflanzenteil:
Frucht
Körperzone:
Kopfbereich bis Oberkiefer
Organsystem:
Sinnesorgane

Widder
abnehmender Mond

Aus dem Mondkalender-Einmaleins. Zahlreiche, genau festgelegte Punkte auf der Haut wirken wie Zugangstore zu Energiekreisläufen, Organen und Körperregionen. Ihre Anregung (etwa mit Massage, Akupressur usw.) wirkt sich günstig auf das jeweilige Organ aus. Auch hier ist das Achten auf den richtigen Zeitpunkt sinnvoll: Akupressur für Entgiftung und Blutreinigung bei abnehmendem Mond, für Kräftigung und Aufbau bei zunehmendem Mond. Auch der Stand des Mondes im Tierkreis ist wichtig. Soll beispielsweise chronische Migräne mit Akupressur behandelt werden, geschieht das am besten an Widdertagen wie heute und morgen.

Donnerstag

23

JUNI

Der besondere Tipp. Fast sieht man es dem Symbol für das Tierkreiszeichen Widder an: Widdertage sind immer ein Anlass, alle Vorhaben langsam und überlegt anzugehen und keine vorschnellen Entscheidungen zu fällen. Kein guter Tag also für die beliebte Methode »Kopf-durch-die-Wand«! Ein idealer Tag dagegen zum Meditieren und für kalte Umschläge an Kopf und Stirn. Augen auf auch im Straßenverkehr: So mancher Verkehrsteilnehmer vergisst heute gerne, dass Miteinander, Rücksichtnahme und das Voraussehen der Fehler anderer die sicherste Vorbeugung gegen Unfälle sind. Also nichts persönlich nehmen!

Widder
abnehmender Mond

Element:
Feuer
Tagesqualität:
Wärme
Nahrungsqualität:
Eiweiß, Frucht
Pflanzenteil:
Frucht
Körperzone:
Kopfbereich bis Oberkiefer
Organsystem:
Sinnesorgane

Freitag 24 JUNI

Element:
Erde
Tagesqualität:
Kälte
Nahrungsqualität:
Salz
Pflanzenteil:
Wurzel
Körperzone:
Unterkiefer, Halsregion
Organsystem:
Kreislauf

Der besondere Tipp für die SängerInnen unter euch: Die Energie der Stiertage im Mondrhythmus regiert auch die Stimmbänder. Wer beispielsweise einem Kirchenchor angehört oder wer einen Gesangsauftritt welcher Art auch immer hinlegen muss, sollte unbedingt drei Tage vorher keine Milchprodukte mehr zu sich nehmen, weil sie die Stimmbänder verschleimen – eine Erfahrung, die jeder professionelle Sänger kennt. Viele vertragen vor Auftritten auch keinen Orangensaft. Milchprodukte sind bei ständig verschnupften Kindern und fürs Schnarchen die Hauptursache, besonders, wenn sie regelmäßig auf dem Speiseplan stehen.

Stier
abnehmender Mond

Samstag 25 JUNI

Der besondere Tipp. Häufige Frage an uns: Gibt es mondmäßig günstige Tage für Verhandlungen, Verträge und solche Dinge? Unsere Mondkalender enthalten nur Hinweise zu Tätigkeiten, deren Erfolg tatsächlich vom Mond beeinflusst wird und die sich zur Aufnahme in einen Mondkalender eignen. Der Zeitpunkt von Verträgen ist sicherlich verschiedenen Einflüssen unterworfen, der Mond gehört jedoch nur bedingt dazu. Generell lässt sich nur sagen, dass bei zunehmendem Mond intensivere Gespräche mit nachhaltigerer Wirkung möglich sind, das ist aber nicht unbedingt immer positiv.

Element:
Erde
Tagesqualität:
Kälte
Nahrungsqualität:
Salz
Pflanzenteil:
Wurzel
Körperzone:
Unterkiefer, Halsregion
Organsystem:
Kreislauf

Stier
abnehmender Mond

Sonntag

26

JUNI

Element:
Erde
Tagesqualität:
Kälte
Nahrungsqualität:
Salz
Pflanzenteil:
Wurzel
Körperzone:
Unterkiefer, Halsregion
Organsystem:
Kreislauf

Stier
abnehmender Mond

Einfach zum Nachdenken

Nur wenn genug Menschen den Mut haben, sich entschlossen für das Gemeinwohl einzusetzen, kann verhindert werden, dass die Zivilisation gegen die Wand fährt. Dies erfordert jedoch eine Zivilcourage, die nur aus einem erhabenen Menschenbild kommen kann. Es ist schön und ermutigend, dass es diese Menschen gibt, die für eine bessere, gerechtere und gesündere Welt bereit sind, auch Unannehmlichkeiten und Widerstände in Kauf zu nehmen. Danke all den guten Geistern.

Friedrich Schiller

Montag

27

JUNI

Schön sein, schön bleiben. Bäder mit ätherischen Ölen haben eine wunderbare Wirkung auf Körper, Geist und Seele, besonders an Lichttagen wie heute und morgen (Zwillinge, Waage, Wassermann). Bei der Auswahl solltest du überlegen, ob das Öl durchblutungsfördernd, desinfizierend, entschlackend, sekretionsfördernd oder -hemmend usw. wirken soll. Also besser reine Öle verwenden und keine Mischungen, deren Wirkungen sich oft gegenseitig stören. Lass nach dem Bad die Haut trocknen, ohne nochmal zu duschen. Und verzichte unbedingt auf künstlich hergestellte Öle!

Zwillinge
abnehmender Mond

Element:
Luft
Tagesqualität:
Licht
Nahrungsqualität:
Fett
Pflanzenteil:
Blüte
Körperzone:
Schultern, Arme, Hände
Organsystem:
Drüsensystem

Element:
Luft
Tagesqualität:
Licht
Nahrungsqualität:
Fett
Pflanzenteil:
Blüte
Körperzone:
Schultern, Arme, Hände
Organsystem:
Drüsensystem

Dienstag 28 JUNI

Zwillinge
abnehmender Mond

Schön sein, schön bleiben. Gute Nachricht für die Jugend: Auch das Einsetzen und Pflegen von Zahnklammern kann vom guten Timing profitieren. Die Grundregeln auf einen Blick: Anpassen und erstmals Einsetzen günstig bei zunehmendem Mond, dabei Widder und Stier meiden. Bei abnehmendem Mond würde es öfter zu schmerzhaften Druckstellen kommen, was zahlreiche Nervenbahnen in der Mundhöhle negativ beeinflusst. Sensible Kinder fühlen sich dann scheinbar grundlos unter Druck und Stress. Spätere Nachstellarbeiten hingegen günstig: bei abnehmendem Mond, aber wieder mit Ausnahme von Widder und Stier.

Mittwoch 29 JUNI

Der besondere Tipp. Der heutige Neumond gehört zu den allerbesten Tagen im Jahr für den Beginn von Vorhaben aller Art! Besonders, weil auch noch kein »rückläufiger Merkur« herrscht! Der richtige Zeitpunkt für einen Neuanfang! Wenn du zum Beispiel eine belastende Ernährungsgewohnheit aufgeben willst, dann spricht alles für einen guten Start. Die Entzugserscheinungen dauern nur wenige Tage, und alles, was danach kommt, ist eine Frage von ein wenig Entschlusskraft. Die beste Methode: Die abgelöste Gewohnheit durch eine positive ersetzen, etwa Süßigkeiten durch getrocknete Früchte.

Element:
Wasser
Tagesqualität:
Feuchte
Nahrungsqualität:
Kohlenhydrate
Pflanzenteil:
Blatt
Körperzone:
Brustbereich, Lunge
Organsystem:
Nervensystem

03.51

Krebs
Neumond

Donnerstag

30

JUNI

Element:
Wasser
Tagesqualität:
Feuchte
Nahrungsqualität:
Kohlenhydrate
Pflanzenteil:
Blatt
Körperzone:
Brustbereich, Lunge
Organsystem:
Nervensystem

Krebs
zunehmender Mond

Gesund bleiben, gesund werden. Am Blatttag Krebs ein besonderer Tipp: Die chemisch isolierten Wirkstoffe eines Heilkrauts haben bei weitem nicht dieselbe Wirkung wie die Ganzheit der Pflanze. Natürlich enthalten Heilpflanzen Stoffe, die »überflüssig« zu sein scheinen. Vergessen wird dabei, dass sie die Natur in ihrer Weisheit auch deshalb in die Pflanze eingebaut hat, damit sie als Schutz gegen Überdosierungen wirken. Die Natur arbeitet nicht so umständlich, dass sie uns erst zwingt, aus den Kräutern mit viel Mühe, Aufwand und Kosten das Echte herauszulösen, bevor es uns dienstbar wird.

Freitag

1

JULI

Von der Heilkraft der Gewürze: Gewürznelken. In der Küche werden Gewürznelken zum Würzen von Marinaden, Saucen, Rotkohl, Lebkuchen und anderem verwendet. Oft sind sie auch Bestandteil von Currypulver. Am Rande bemerkt: Mehr als die Hälfte der Jahresernte wird für die Herstellung indonesischer Nelkenzigaretten verbraucht. Einer der häufigsten Anwendungsfälle für Gewürznelken sind Zahnschmerzen. Sie wirken antibakteriell, schmerzstillend und entzündungshemmend. Die ätherischen Öle der Gewürznelke helfen auch bei Konzentrationsproblemen, Abgeschlagenheit, chronischer Müdigkeit, Burnout sowie bei Depressionen.

Krebs
zunehmender Mond

Element:
Wasser
Tagesqualität:
Feuchte
Nahrungsqualität:
Kohlenhydrate
Pflanzenteil:
Blatt
Körperzone:
Brustbereich, Lunge
Organsystem:
Nervensystem

Element:
Feuer
Tagesqualität:
Wärme
Nahrungsqualität:
Eiweiß, Frucht
Pflanzenteil:
Frucht
Körperzone:
Herzregion, Kreislauf
Organsystem:
Sinnesorgane

Samstag

2

JULI

Der besondere Tipp. Die Zahlen des Südens (2 und 7) im »Tiroler Zahlenrad« (siehe auch unser gleichnamiges Buch) machen den Juli zu einem besonderen Monat (speziell den 2., 7., 17. und 27.). Es bedeutet, dass Neugier und Erfindungsgeist »in der Luft liegen«, aber auch eine gewisse Ungeduld. Diese Kräfte lassen sich zum Vorteil aller nutzen, besonders in diesen Tagen, wo Inspiration und Erfindungsgeist zum Errichten einer guten Zukunft notwendiger denn je sind. Wer die Zusammenhänge nicht kennt, fühlt nur eine eigenartige Unruhe und »kennt sich nicht aus«. Bleib gelassen und setze deine guten Ideen zielbewusst um.

Löwe
zunehmender Mond

Sonntag

3

JULI

Einfach zum Nachdenken

Ein positiver Mensch vergleicht
seine Leistungen
mit seinen Zielen,
ein negativer Mensch vergleicht
seine Leistungen
mit denen anderer Leute.

Anonym

Element:
Feuer
Tagesqualität:
Wärme
Nahrungsqualität:
Eiweiß, Frucht
Pflanzenteil:
Frucht
Körperzone:
Herzregion, Kreislauf
Organsystem:
Sinnesorgane

Löwe
zunehmender Mond

Montag

4

JULI

Element:
Erde
Tagesqualität:
Kälte
Nahrungsqualität:
Salz
Pflanzenteil:
Wurzel
Körperzone:
Verdauungsorgane
Organsystem:
Kreislauf

Jungfrau
zunehmender Mond

Der Mond – dein guter Freund in Haushalt und Alltag. Ein zeitgerechter Tipp zur Pflege deiner Zimmerpflanzen während des Urlaubs: Wer in deiner Wohnung nach dem Rechten sieht, sollte es sich einfach machen und nur an Blatttagen gießen (Krebs, Skorpion, Fische) und im abnehmenden Mond etwas zurückschneiden oder auszupfen. Sind die grünen Hausgenossen nach deiner Rückkehr etwas beleidigt, gieß vielleicht zwischendurch auch einmal an Wurzeltagen (Stier, Jungfrau, Steinbock). Aber nur zu Beginn! Meist sind die Pflanzen nicht verdurstet, sondern »ertrunken«. Als Rettungsmaßnahme hilft das Umtopfen am nächstmöglichen Jungfrautag.

Dienstag

5

JULI

Moon Power für Garten, Feld und Wald. Wir haben euch schon oft daran erinnert: Jungfrau ist das beste Zeichen, was die Arbeit im Garten betrifft. Natürlich steht der Mond monatlich immer nur zwei bis drei Tage lang im Zeichen Jungfrau, und auch das Wetter spielt nicht immer mit, doch was immer du an diesen Tagen an Pflanzarbeit schaffst, lohnt jede Mühe. Gartenbaubetriebe, die heute auf die Arbeit zum richtigen Zeitpunkt Wert legen, konnten feststellen, dass sich die Ausfälle stark verringert haben – ein Kostenfaktor, der die Mühe der Ausarbeitung von Pflanzplänen nach dem Mond mehr als aufwiegt.

Jungfrau
zunehmender Mond

Element:
Erde
Tagesqualität:
Kälte
Nahrungsqualität:
Salz
Pflanzenteil:
Wurzel
Körperzone:
Verdauungsorgane
Organsystem:
Kreislauf

Element:
Luft
Tagesqualität:
Licht
Nahrungsqualität:
Fett
Pflanzenteil:
Blüte
Körperzone:
Hüfte, Nieren, Blase
Organsystem:
Drüsensystem

Mittwoch
6
JULI

Ein wichtiger Sommer-Tipp: Bei Sonnenbrand hilft ideal der Saft frischer Bio-Zitronen. Einfach auf die Haut träufeln, ganz zart verteilen und eintrocknen lassen. Brennt manchmal ein wenig, das geht aber nach 30 Sekunden vorbei. Etwas später noch einmal wiederholen. Die Zitronen sollten unbedingt Zimmertemperatur haben oder vielleicht sogar noch wärmer. Aus dem Kühlschrank können Kinder fast einen Schock bekommen, wenn man sie auf ihrer heißen Haut verwendet. Bei zunehmendem Mond im Tierkreiszeichen Löwe ist übrigens die Sonnenbrandgefahr am höchsten!

Waage
zunehmender Mond

Donnerstag
7
JULI

Humor ist gute Medizin

Der Papa: »Soll ich unserem Kind
etwas vorsingen,
damit es einschläft?«
Die Mama darauf:
»Nein, versuchen wir es zuerst im Guten.«

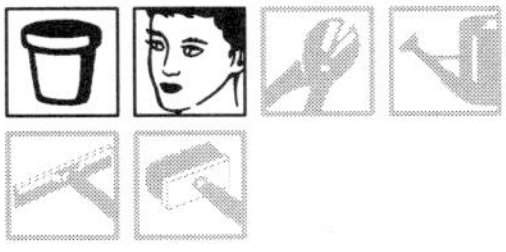

Element:
Luft
Tagesqualität:
Licht
Nahrungsqualität:
Fett
Pflanzenteil:
Blüte
Körperzone:
Hüfte, Nieren, Blase
Organsystem:
Drüsensystem

Waage
zunehmender Mond

Freitag

8

JULI

Element:
Luft
Tagesqualität:
Licht
Nahrungsqualität:
Fett
Pflanzenteil:
Blüte
Körperzone:
Hüfte, Nieren, Blase
Organsystem:
Drüsensystem

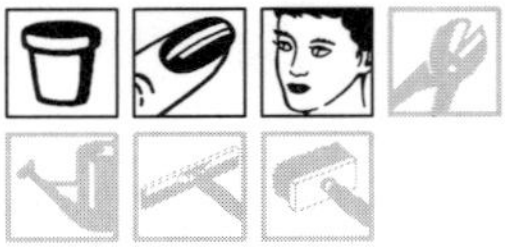

Waage
zunehmender Mond

Rezepte für die »Alpha-Omega-Formel«. Heute: Auberginen Indonesia. Zutaten: 4 EL Olivenöl * 450 g Auberginen, halbiert und in ca. 2,5 cm dicke Scheiben geschnitten * 1–2 Schalotten, fein gehackt * 1 Knoblauchzehe, fein gehackt * 120 ml Wasser oder Gemüsebrühe * 1 EL Tamari- oder Sojasauce * 1 TL Weißweinessig * 1 TL Zucker * ½ TL frisch geriebene Muskatnuss * Salz und frisch gemahlener Pfeffer. Und so geht's: Einen Teller mit Küchenpapier auslegen. Olivenöl in einer Pfanne erhitzen, bis es glänzt. *(Lies morgen weiter)*

Samstag

9

JULI

(Fortsetzung von gestern) Die Auberginenscheiben darin etwa 6–8 Minuten von beiden Seiten braun anbraten und weich werden lassen. Dann mit einem Schaumlöffel aus der Pfanne heben, auf das Küchenpapier legen und beiseitestellen. Schalotten und Knoblauch im restlichen Öl in der Pfanne bei mittlerer Hitze unter Rühren 5–6 Minuten hellbraun anschwitzen, eventuell noch etwas Öl zugeben. Tamari- oder Sojasauce, Essig, Zucker, Muskat, Salz, Pfeffer und 120 ml Wasser zugeben und 2 Minuten köcheln lassen. Die Auberginenscheiben wieder in die Pfanne geben und so lange mitschmoren, bis du mit der Konsistenz zufrieden bist.

Skorpion
zunehmender Mond

Element:
Wasser
Tagesqualität:
Feuchte
Nahrungsqualität:
Kohlenhydrate
Pflanzenteil:
Blatt
Körperzone:
Geschlechtsorgane
Organsystem:
Nervensystem

Element:
Wasser
Tagesqualität:
Feuchte
Nahrungsqualität:
Kohlenhydrate
Pflanzenteil:
Blatt
Körperzone:
Geschlechtsorgane
Organsystem:
Nervensystem

Sonntag

10

JULI

Einfach zum Nachdenken

Wenn du etwas 2 Jahre lang gemacht hast,
betrachte es sorgfältig!
Wenn du etwas 5 Jahre lang gemacht hast,
betrachte es misstrauisch!
Wenn du etwas 10 Jahre lang gemacht hast,
mache es anders.

Mahatma Gandhi

Skorpion
zunehmender Mond

Montag

11

JULI

Moon Power für Garten, Feld und Wald. Viele Früchte werden wie immer zu dieser Jahreszeit gleichzeitig reif. Mit Ernte und Verarbeitung kannst du natürlich manchmal nicht warten, bis der Mond wieder abnimmt, was lange Haltbarkeit versprechen würde. Reagiere auf die Natur deshalb wie folgt: Verarbeite Kirschen, Himbeeren und die letzten Erdbeeren wie du es gewohnt bist – aber markiere die Gläser und verbrauche sie als erste. Heute und morgen verarbeitetes Obst hat besonders schmackhaftes Fruchtfleisch – nutze diese Tage, um besonders gute Marmelade herzustellen.

Element:
Feuer
Tagesqualität:
Wärme
Nahrungsqualität:
Eiweiß, Frucht
Pflanzenteil:
Frucht
Körperzone:
Oberschenkel, Venen
Organsystem:
Sinnesorgane

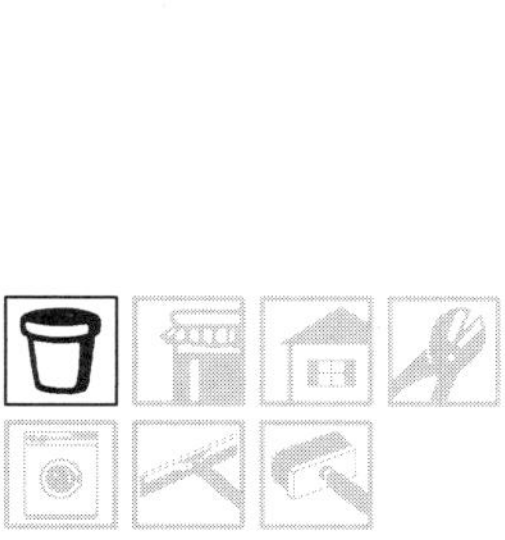

Schütze
zunehmender Mond

Dienstag

12

JULI

Element:
Feuer
Tagesqualität:
Wärme
Nahrungsqualität:
Eiweiß, Frucht
Pflanzenteil:
Frucht
Körperzone:
Oberschenkel, Venen
Organsystem:
Sinnesorgane

Schütze
zunehmender Mond

Gesund bleiben, gesund werden. Du spürst manchmal deine Gelenke? Manchmal passiert das an Zwillinge- und Schützetagen, doch der eigentliche Grund für dieses Zusammentreffen liegt oft in einem Wetterumschwung, der gerne an diesen Tagen stattfindet. Wenn auch noch Neumond oder Vollmond (morgen!) herrscht, kann man beinahe fest damit rechnen. Wenn du also heute Wetterabhängiges planst, richte dich entsprechend darauf ein. Den Gelenken kannst du außerdem am besten helfen, wenn du tierisches Eiweiß in deiner Ernährung langsam reduzierst. Auch Eiskrem mit Sahne belastet die Gelenke, spürbar aber meist erst am nächsten Morgen.

Mittwoch

13

JULI

Moon Power für Garten, Feld und Wald. Am Wurzeltag Steinbock ein Tipp – der »Begrüßungsstein«. Ein kleiner Steinhaufen im Garten macht's möglich, neu erworbene Pflanzen mit einem Stein zu begrüßen, den du nach der Pflanzung neben den Stamm in den Gießring legst. Besonders schon ältere Pflanzen, beispielsweise Obstbäume, fühlen sich dann auf Anhieb wohl bei dir. Dieser Brauch macht auch Kindern Spaß, wenn sie den Stein womöglich selbst entdeckt und in den Garten getragen haben. Solche Steine haben sich gleichsam »ans Haus gewöhnt«, kennen seine Bewohner und vermitteln freundlich zwischen dir und dem Neuankömmling.

19.37

Steinbock
Vollmond

Element:
Erde
Tagesqualität:
Kälte
Nahrungsqualität:
Salz
Pflanzenteil:
Wurzel
Körperzone:
Knie, Knochen, Haut
Organsystem:
Kreislauf

Donnerstag 14 JULI

Element:
Erde
Tagesqualität:
Kälte
Nahrungsqualität:
Salz
Pflanzenteil:
Wurzel
Körperzone:
Knie, Knochen, Haut
Organsystem:
Kreislauf

Steinbock
abnehmender Mond

LeserInnen fragen, der Mond antwortet. Steinbock bei abnehmendem Mond ist der günstigste Zeitpunkt für die Körperhaarentfernung, aber wann ist er in der zweiten Hälfte des Jahres, wenn Steinbock nur im zunehmenden Mond auftaucht? Der abnehmende Mond ist **immer** günstig dafür! Steinbock wäre jedoch ideal. In der zweiten Jahreshälfte achte einfach auf den abnehmenden Mond und gehe den Tierkreiszeichen Krebs, Löwe und Jungfrau aus dem Weg. Bei Krebs würden die Haare kreuz und quer wuchern, bei Löwe werden sie zu dicht, und bei Jungfrau wachsen sie schnell wieder nach.

Freitag 15 JULI

Von der Heilkraft der Gewürze: Oregano. Als Würzmittel ist Oregano tatsächlich bei uns erst seit etwa 300 bis 400 Jahren im Gebrauch. Ein Basler Rezept aus dem 17. Jahrhundert führt Oregano als Zutat zu Pfannkuchen an. Selbst noch zu Beginn des 20. Jahrhunderts heißt es in Kräuterbüchern, dass Oregano eine Heil- und Zauberpflanze sei und dass man mit seinem roten Farbstoff Wolle färben könne. Den intensivsten Geschmack bietet der echte Griechische Oregano. In der modernen Pflanzenheilkunde findet Oregano manchmal als Bestandteil einer Teemischung gegen krampfartige Magen- und Darmbeschwerden Verwendung.

Element:
Luft
Tagesqualität:
Licht
Nahrungsqualität:
Fett
Pflanzenteil:
Blüte
Körperzone:
Unterschenkel, Venen
Organsystem:
Drüsensystem

Wassermann
abnehmender Mond

Samstag

16

JULI

Element:
Luft
Tagesqualität:
Licht
Nahrungsqualität:
Fett
Pflanzenteil:
Blüte
Körperzone:
Unterschenkel, Venen
Organsystem:
Drüsensystem

Wassermann
abnehmender Mond

Moon Power für Garten, Feld und Wald. Wenn du den heutigen Tag zum Gärtnern nutzen willst oder gar musst, dann solltest du auf den abnehmenden Mond im Wassermann Rücksicht nehmen. Schalte automatische Rasensprenger aus, denn heute künstlich bewässert, sind deine Pflanzen anfälliger für Schädlinge. Ein wirklich günstiger Zeitpunkt hingegen herrscht heute und morgen zum Unkrautjäten. Du brauchst es nämlich nicht akribisch mit der Wurzel herauszuziehen, es genügt, wenn du es mit der Unkrauthacke verletzt. Natürlich sind Kulturpflanzen heute genauso sensibel – also pass beim Jäten gut auf, dass du Nutzpflanzen nicht schädigst.

Sonntag

17

JULI

Einfach zum Nachdenken

Der Konsument hat den größten Lenkungseffekt.
Das Portemonnaie ist wie ein Wahlzettel.
Derzeit leben wir auf Kosten
der Entwicklungsländer.
Zwei Drittel unseres Wohlstandes gehen
auf Kosten der Dritten Welt.
Das ist, als ob sich jeder Europäer
zwei Sklaven halten würde.

Josef Zotter

Fische
abnehmender Mond

Element:
Wasser
Tagesqualität:
Feuchte
Nahrungsqualität:
Kohlenhydrate
Pflanzenteil:
Blatt
Körperzone:
Füße, Zehen
Organsystem:
Nervensystem

Element:
Wasser
Tagesqualität:
Feuchte
Nahrungsqualität:
Kohlenhydrate
Pflanzenteil:
Blatt
Körperzone:
Füße, Zehen
Organsystem:
Nervensystem

Montag

18

JULI

Fische
abnehmender Mond

Moon Power für Garten, Feld und Wald. Du erntest deinen eigenen Schnittlauch? Schneide ihn heute nicht, weil er sonst dünn und kümmerlich nachwächst. Aber wie immer ist die persönliche Erfahrung der beste Ratgeber. Also, hast du Lust auf ein Experiment? Dann schneide den Schnittlauch einmal heute und später noch einmal bei zunehmendem Mond (nicht an Fische!) und beobachte, was geschieht. Diese Erfahrung kannst du aber auch nutzen, wenn deine Pflanze schon sehr dick und holzig wächst. Dann wäre es sogar sinnvoll, an Fische zu schneiden, weil er dann für die Küche brauchbarer nachwächst.

Gesund bleiben, gesund werden. Fische beeinflusst auch die Verdauung, speziell bei jedem »Zu viel«! Ein sehr gutes Mittel bei verschiedensten Problemen mit der Verdauung ist die Kalmuswurzel. Sie behebt auch so manche indirekte Probleme und Symptome, die sich aus einer gestörten Verdauung ergeben (Hautprobleme, chronische Müdigkeit etc.). Die Anwendung erfolgt am besten als Tee mit kochendem Wasser, den man mindestens sieben bis zehn Minuten ziehen lässt. Auch Frischsaft- und Badezusatz-Anwendungen sind möglich und erfolgreich. Kalmuswurzel ist problemlos in Kräuterhandlungen zu bekommen oder zu bestellen.

Dienstag

19

JULI

Element:
Feuer
Tagesqualität:
Wärme
Nahrungsqualität:
Eiweiß, Frucht
Pflanzenteil:
Frucht
Körperzone:
Kopfbereich bis Oberkiefer
Organsystem:
Sinnesorgane

Widder
abnehmender Mond

Mittwoch

20

JULI

Element:
Feuer
Tagesqualität:
Wärme
Nahrungsqualität:
Eiweiß, Frucht
Pflanzenteil:
Frucht
Körperzone:
Kopfbereich bis Oberkiefer
Organsystem:
Sinnesorgane

Widder
abnehmender Mond

Gesund bleiben, gesund werden. Spezielle Augengymnastik ist besonders erfolgreich an Widdertagen. Sie hat schon so manche Brille erspart oder überflüssig gemacht und geht so: Blicke zuerst ganz nach oben. Dabei den Kopf nicht bewegen, sondern nur die Augen! Dann ganz nach unten, dann ganz nach rechts, dann ganz nach links. Anfangs wird es etwas weh tun, weil die Sehnen sich stärker dehnen als gewohnt. Aber das dauert nicht lange und ist eigentlich nur ein gutes Zeichen. Freue dich auf die Wirkung! Spezialtipp: Trinke zwei Tage lang keinen Kaffee, bevor du dir eine neue Brille anpassen lässt. Erhöhter Blutdruck verfälscht den Augentest.

Donnerstag

21

JULI

Rezepte für die »Alpha-Omega-Formel«. Heute: Blumenkohl indisch. Zutaten: 1/3 EL Tamarindenpaste * 80 ml Wasser * 1 TL Zucker * 400 g Blumenkohl (Karfiol), in bissengroße Röschen und Stücke zerteilt * 1 kleine Ingwerknolle, fein gehackt * 1 Tomate, fein gehackt * 2 Knoblauchzehen, fein gehackt * 1 EL Zitronensaft * ½ TL Kurkuma, gemahlen * ½ TL Kreuzkümmel, gemahlen * ½ TL Koriander, gemahlen * ¼ TL Paprikapulver (süß oder geräuchert) * Pfeffer, Salz. Und so geht's: Ofen auf 220 Grad vorheizen. In einer kleinen Schüssel Zucker, Wasser und die Tamarindenpaste verrühren. *(Lies morgen weiter)*

Stier
abnehmender Mond

Element:
Erde
Tagesqualität:
Kälte
Nahrungsqualität:
Salz
Pflanzenteil:
Wurzel
Körperzone:
Unterkiefer, Halsregion
Organsystem:
Kreislauf

Freitag 22 JULI

Element:
Erde
Tagesqualität:
Kälte
Nahrungsqualität:
Salz
Pflanzenteil:
Wurzel
Körperzone:
Unterkiefer, Halsregion
Organsystem:
Kreislauf

Stier
abnehmender Mond

(Fortsetzung von gestern) In einer ofenfesten Form eine Marinade anrühren aus der verrührten Tamarindenpaste, Knoblauch, Ingwer, Zitronensaft, Kurkuma, Kreuzkümmel, Koriander, Paprikapulver, Salz und Pfeffer. Die Blumenkohlröschen darin wälzen und dann für 20 Minuten in den Ofen schieben. Herausnehmen, ein zweites Mal gut durchmischen und nochmals für 15 bis 20 Minuten im Ofen garen, bis sie schön gebräunt sind. Fein gehackte Petersilie oder Korianderblätter über dem Gericht machen sich gut! Dazu passen Naan-Brot, Basmatireis mit Rosinen und Cashews oder Kartoffeln.

Samstag 23 JULI

Humor ist gute Medizin. Ein leerer Bus kommt an eine Haltestelle, zehn Fahrgäste steigen ein. An der nächsten Haltestelle steigen elf Menschen aus, der Bus fährt weiter. Drei Wissenschaftler kommentieren das Geschehen. Der Biologe: »Ganz einfach! Die Fahrgäste haben sich vermehrt.« Der Physiker: »Zehn Prozent Messtoleranz müssen immer drin sein.« Der Mathematiker: »Wenn jetzt einer einsteigt, ist der Bus leer.«

Element:
Erde
Tagesqualität:
Kälte
Nahrungsqualität:
Salz
Pflanzenteil:
Wurzel
Körperzone:
Unterkiefer, Halsregion
Organsystem:
Kreislauf

Stier
abnehmender Mond

Sonntag

24

JULI

Element:
Luft
Tagesqualität:
Licht
Nahrungsqualität:
Fett
Pflanzenteil:
Blüte
Körperzone:
Schultern, Arme, Hände
Organsystem:
Drüsensystem

Zwillinge
abnehmender Mond

Einfach zum Nachdenken

Ich lebe in meinen Träumen.
Die anderen Leute leben auch in Träumen,
aber nicht in ihren eigenen.
Das ist der Unterschied.
Meine Sache war, das eigene Schicksal zu finden,
nicht ein beliebiges, und es in sich auszuleben,
ganz und ungebrochen.

Hermann Hesse

Montag

25

JULI

Der Mond – dein guter Freund in Haushalt und Alltag. Wenn du in der letzten Zeit Blütenkräuter gesammelt und zum Trocknen hergerichtet hast – etwa Kamille, Ringelblume, Johanniskraut usw. –, dann ist heute und morgen der ideale Zeitpunkt, die guten Dinge für den Wintervorrat in dunkle Gläser oder Papiertüten umzufüllen. Sie bleiben viel länger wirkkräftig und halten lange. Wichtig wäre natürlich, sie dunkel und vor allem trocken zu lagern. Sünden gegen den gesunden Menschenverstand kann auch der Mondkalender nicht immer korrigieren.

Zwillinge
abnehmender Mond

Element:
Luft
Tagesqualität:
Licht
Nahrungsqualität:
Fett
Pflanzenteil:
Blüte
Körperzone:
Schultern, Arme, Hände
Organsystem:
Drüsensystem

Element:
Wasser
Tagesqualität:
Feuchte
Nahrungsqualität:
Kohlenhydrate
Pflanzenteil:
Blatt
Körperzone:
Brustbereich, Lunge
Organsystem:
Nervensystem

Dienstag 26 JULI

Krebs
abnehmender Mond

Anekdoten – gut gewürzt. Als ein Biograf erfuhr, dass sich Goethe als junger Mann im heutigen Sessenheim in Frankreich aufgehalten und sich in ein Mädchen namens Friederike Brion verliebt hatte, reiste er in das Dorf. Der Biograf fragte unter anderem eine alte Dame nach dem Mädchen. Die Dame konnte sich gut erinnern und begann sofort zu erzählen. Auf die Frage, was sie von Goethe wisse, sagte sie: »Ja, richtig, der Goethe. Ein Student, der mal hier war. Wir dachten alle, er und Riekchen würden ein Paar werden. Aber eines Tages war er auf und davon, und kein Mensch hat je wieder etwas von ihm gehört.«

Mittwoch 27 JULI

Der besondere Tipp. Letzte Nacht haben möglicherweise viele LeserInnen wegen der Krebs-Energie nicht so gut geschlafen. Gerade in der Zeit bis 5 Uhr früh sollte sich aber die Leber gut erholen können. Bei Schlafmangel kämpft man dann oft den ganzen Tag mit einem flauen Gefühl und Müdigkeit. Leider greift man dann oft zu noch mehr Kaffee als sonst und setzt damit einen kleinen Teufelskreis in Gang, weil die Leber gleich noch einmal übersäuert und belastet wird. Viel besser wäre es, heute einen Obsttag mit frischem Bio-Obst einzulegen, um wieder in die Gänge zu kommen.

Element:
Wasser
Tagesqualität:
Feuchte
Nahrungsqualität:
Kohlenhydrate
Pflanzenteil:
Blatt
Körperzone:
Brustbereich, Lunge
Organsystem:
Nervensystem

Krebs
abnehmender Mond

Donnerstag

28

JULI

Element:
Wasser
Tagesqualität:
Feuchte
Nahrungsqualität:
Kohlenhydrate
Pflanzenteil:
Blatt
Körperzone:
Brustbereich, Lunge
Organsystem:
Nervensystem

18.54

Krebs
Neumond

Gesund bleiben, gesund werden. Wieder einmal herrscht Neumond, deshalb entgiftet der Körper wieder besonders wirkungsvoll. Solche Tage sind ideal für eine Mini-Erholungskur, um dem Körper Gelegenheit zur Regeneration zu geben. Eine gute Idee wäre es deshalb, einen Salat- oder Obsttag einzulegen. Sommerliche Temperaturen würden dazu erst recht ermutigen, weil der Körper bei Hitze Belastendes noch weniger verträgt! Nicht vergessen: Kaufe für diesen Zweck Früchte, die noch duften! Fast alle Früchte von guter Qualität riechen noch deutlich »nach sich selbst«.

Freitag

29

JULI

Von der Heilkraft der Gewürze: Paprika. Es gibt heutzutage kaum eine lokale Küche, in der Paprika nicht in irgendeiner Form eingesetzt wird. Jedoch ist die jeweilige Verwendung sehr unterschiedlich und stark an die regionalen Gewohnheiten angepasst. Einige Sorten wie Jalapeño, Serrano, Anaheim oder zum Teil unsere milden Gemüsepaprika werden im grünen, unreifen Zustand geerntet und verwendet. Paprika geräuchert ist in Spanien und Mexiko sehr beliebt und verleiht allen Gerichten einen angenehmen Rauchgeschmack und ebensolches Aroma. Bereits die amerikanischen Ureinwohner nutzten Paprika als Heilmittel, unter anderem gegen Zahnschmerzen oder Arthrose.

Element:
Feuer
Tagesqualität:
Wärme
Nahrungsqualität:
Eiweiß, Frucht
Pflanzenteil:
Frucht
Körperzone:
Herzregion, Kreislauf
Organsystem:
Sinnesorgane

Löwe
zunehmender Mond

Samstag

30

JULI

Element:
Feuer
Tagesqualität:
Wärme
Nahrungsqualität:
Eiweiß, Frucht
Pflanzenteil:
Frucht
Körperzone:
Herzregion, Kreislauf
Organsystem:
Sinnesorgane

Moon Power für Garten, Feld und Wald. Zwar herrscht keine ausgesprochene Pflanzzeit, aber wenn Umzug, Neubau oder Unwetter etc. dazu zwingen, dann ist immer noch Jungfrau morgen und übermorgen die beste Zeit dafür. Sorge dafür, dass die Wurzeln deiner neuen Pflanzen möglichst kein Licht abbekommen. Am besten mit einem dunklen Sack aus Naturstoffen oder eventuell mit Brettern schützen (nicht mit Plastikfolie!), bis du das Pflanzloch groß genug gegraben hast. Anschließend gut einwässern, und du hast eine gute Chance, auch im Hochsommer das Neusetzen erfolgreich zu bewältigen. Später an Skorpion noch einmal gut wässern, damit alles gut anwächst.

Löwe
zunehmender Mond

Sonntag

31

JULI

Einfach zum Nachdenken

Was dich zu erdrücken drohte,
Zeigt sich freundlich, atmet Geist,
Ist ein Führer, ist ein Bote,
Der dich hoch und höher weist.

Hermann Hesse

Element:
Erde
Tagesqualität:
Kälte
Nahrungsqualität:
Salz
Pflanzenteil:
Wurzel
Körperzone:
Verdauungsorgane
Organsystem:
Kreislauf

Jungfrau
zunehmender Mond

Montag

1

AUGUST

Schweizer Nationalfeiertag

Element:
Erde
Tagesqualität:
Kälte
Nahrungsqualität:
Salz
Pflanzenteil:
Wurzel
Körperzone:
Verdauungsorgane
Organsystem:
Kreislauf

Jungfrau
zunehmender Mond

Einfach zum Nachdenken

Es scheint wirklich dem Menschen
nur die eine Hoffnung gegeben,
zwar nicht die Welt und die anderen,
aber wenigstens sich selber einigermaßen ändern
und bessern zu können, und auf denen,
die das tun,
beruht im Geheimen das Heil der Welt.

Hermann Hesse

Dienstag

2

AUGUST

Von der Heilkraft der Gewürze: Kümmel. Ein klassisches Gewürz in schwer verdaulichen Speisen wie z. B. Kohlgerichten. Er ist besonders in der jüdischen, skandinavischen und osteuropäischen Küche beliebt und wird dort auch als Gewürz für Kuchen und Roggenbrot, Käse und geschmorte Äpfel verwendet. Kümmel regt die Tätigkeit der Verdauungsdrüsen an und hat beachtliche blähungswidrige und krampflösende Eigenschaften. Man nimmt die Kümmelsamen als Tee oder das ätherische Öl und seine Zubereitungen, häufig kombiniert mit Fenchel oder Anis und Koriander bzw. mit deren ätherischen Ölen. Kümmel hat von allen die stärkste krampflösende Wirkung.

Jungfrau
zunehmender Mond

Element:
Erde
Tagesqualität:
Kälte
Nahrungsqualität:
Salz
Pflanzenteil:
Wurzel
Körperzone:
Verdauungsorgane
Organsystem:
Kreislauf

Element:
Luft
Tagesqualität:
Licht
Nahrungsqualität:
Fett
Pflanzenteil:
Blüte
Körperzone:
Hüfte, Nieren, Blase
Organsystem:
Drüsensystem

Mittwoch 3 AUGUST

Waage
zunehmender Mond

Schön sein, schön bleiben. Tu deiner Haut heute etwas Gutes: Waagetage im zunehmenden Mond sind generell gute Tage für jede Form aufbauender Körperpflege. Wenn du nährende Masken, glättende Cremes oder feuchtigkeitsspendende Emulsionen aufträgst, ziehen diese besonders gut ein. Du solltest nicht darauf warten, bis Wind und Wetter deine Haut austrocknen und spannen, sondern lieber vorbeugend pflegen. Biologisches Gewebestrafföl (sollte unbedingt Rosmarin enthalten) im Hüftbereich kreisförmig einmassieren – heute eine besondere Wohltat, weil das Tierkreiszeichen Waage für die Hüftregion »zuständig« ist.

Donnerstag 4 AUGUST

Rezepte für die »Alpha-Omega-Formel«. Heute: Bohnen-Lauch-Eintopf. Zutaten: 1 gr. Zwiebel (rot oder gelb) * 2 EL Butterschmalz oder Ghee * 2 EL Thymian, frisch * 5 EL getrocknete Cranberrys (ersatzweise sehr gut getrocknete Preiselbeeren) * 2 Knoblauchzehen, gehackt * 2 Stangen Lauch, gesäubert, halbiert und in etwa 1 cm breite Streifen geschnitten. * 1 Dose weiße und 1 Dose schwarze Bio-Bohnen (Kidney, Canellini, etc.) * Salz und etwa 0,25 l Gemüsebrühe. Und so geht's: Zwiebel ca. 10 Minuten anbraten, bis gebräunt (nicht zu heiß). Lauch addieren und ca. 5 Minuten weiter anbraten. *(Lies morgen weiter)*

Element:
Luft
Tagesqualität:
Licht
Nahrungsqualität:
Fett
Pflanzenteil:
Blüte
Körperzone:
Hüfte, Nieren, Blase
Organsystem:
Drüsensystem

Waage
zunehmender Mond

Freitag

5

AUGUST

Element:
Wasser
Tagesqualität:
Feuchte
Nahrungsqualität:
Kohlenhydrate
Pflanzenteil:
Blatt
Körperzone:
Geschlechtsorgane
Organsystem:
Nervensystem

Skorpion
zunehmender Mond

(Fortsetzung von gestern) Knoblauch, Salz, Thymian und getrocknete Beeren zugeben und nur noch kurz bei reduzierter Hitze braten. Bohnen in Sieb geben, abtropfen lassen, etwas Salz untermischen (nicht waschen!), in die Pfanne geben und alles sofort mit der Gemüsebrühe löschen und so viel aufgießen, wie du es gern hast. Noch einmal erhitzen, aber nicht kochen – nur damit alles schön durchgewärmt ist. Fertig! * Gewürzter Couscous oder eventuell Reis vom Vortag als Beilage passen gut – muss aber nicht sein. Das Gericht ist in sich komplett. Salat dazu macht sich prima, aber bitte keine »schweren«, sahnigen Dressings. Das Rezept ist ein ideales Slow-Cooker-Rezept, wenn du einen solchen benutzt.

Samstag

6

AUGUST

Gesund bleiben, gesund werden. Ein wichtiger Ernährungstipp: Alle Wurzelkräuter und Wurzelgemüse sollten nicht gleich nach der Ernte von Erde befreit und gewaschen werden, sondern erst vor dem Verbrauch oder der Weiterverarbeitung. Das gilt besonders für Wurzeln, die getrocknet und später gemahlen werden sollen. Die heutige Mode, alle Wurzelgemüse blitzblank gewaschen anzubieten, hat zur Folge, dass die Erntefrüchte schon viel an Vitaminen und Energie verloren haben, bevor sie in Pfanne, Kochtopf und Teller landen. Das gilt besonders für die B-Vitamine, vor allem B12, das für die Ernährung ohne tierisches Eiweiß sehr wichtig ist.

Skorpion
zunehmender Mond

Element:
Wasser
Tagesqualität:
Feuchte
Nahrungsqualität:
Kohlenhydrate
Pflanzenteil:
Blatt
Körperzone:
Geschlechtsorgane
Organsystem:
Nervensystem

Element:
Feuer
Tagesqualität:
Wärme
Nahrungsqualität:
Eiweiß, Frucht
Pflanzenteil:
Frucht
Körperzone:
Oberschenkel, Venen
Organsystem:
Sinnesorgane

Sonntag

7

AUGUST

Einfach zum Nachdenken

Die gefährlichsten Massenvernichtungswaffen
sind die Massenmedien.
Denn sie zerstören den Geist, den Einfallsreichtum
und den Mut der Menschen
und ersetzen diese durch Angst, Misstrauen,
Schuldgefühle und Selbstzweifel.

Anonym

Schütze
zunehmender Mond

Gesund bleiben, gesund werden. Die Energie, die an Schützetagen in der Luft liegt, wirkt auf die Sinnesorgane. Du weißt ja: Was du beispielsweise deiner Sehkraft Gutes tust, wirkt doppelt gut, Überlastungen dagegen sind nicht ratsam. Für Omega-Typen wäre heute ein Glas Tomatensaft, für Alpha-Typen ein Glas Karottensaft mit einem Tropfen Öl das Ideale, um Positives für die Sehkraft zu tun. Ein Gemüse- oder Obsttag würde ebenfalls generell die Sinnesorgane stärken (Steinobst für Omega-Typen, Kernobst für Alpha-Typen). Info über die zwei Ernährungstypen findest du auf www.paungger-poppe.com unter »Service« bei »Texte & Tools« zum Herunterladen.

Montag

8

AUGUST

Element:
Feuer
Tagesqualität:
Wärme
Nahrungsqualität:
Eiweiß, Frucht
Pflanzenteil:
Frucht
Körperzone:
Oberschenkel, Venen
Organsystem:
Sinnesorgane

Schütze
zunehmender Mond

Dienstag

9

AUGUST

Element:
Erde
Tagesqualität:
Kälte
Nahrungsqualität:
Salz
Pflanzenteil:
Wurzel
Körperzone:
Knie, Knochen, Haut
Organsystem:
Kreislauf

Steinbock
zunehmender Mond

Gesund bleiben, gesund werden. Hast du mit chronischen Rückenschmerzen zu kämpfen? Heute und morgen wären gute Tage, um einen Chiropraktiker aufzusuchen. Es grenzt schon an Grausamkeit, wie leichtfertig wir mit unserer Wirbelsäule, besonders mit den Wirbelsäulen unserer Kinder umgehen. Erinnerst du dich an die Stühle in deinen Klassenzimmern? Fast 90 Prozent aller Kinder weisen irgendeine Form von Haltungsfehler auf, weil diesem Problem und vor allen Dingen den langfristigen Folgeschäden viel zu wenig Aufmerksamkeit geschenkt wird. Einen guten Chiropraktiker beziehungsweise manuellen Therapeuten zu kennen, ist ein Segen!

Mittwoch

10

AUGUST

Gesund bleiben, gesund werden. Steinbocktage haben wie immer einen besonderen Einfluss auf unser Blutsystem. Zum Beispiel hat ein Zuviel an herkömmlichem, hochreinem Salz in der Ernährung an diesen Tagen eine belastendere Wirkung als sonst. Steig sicherheitshalber auf Steinsalz um, das körperfreundlicher wirkt (auch Tiere werden durch »normales« Salz krank!). Dein Bio-Laden berät dich. Und nicht vergessen: Trink an Steinbocktagen immer blutbildende Säfte (alle roten Säfte), sie haben dann eine sehr gute Wirkung, auch wenn gerade keine frischen Säfte verfügbar sind.

Steinbock
zunehmender Mond

Element:
Erde
Tagesqualität:
Kälte
Nahrungsqualität:
Salz
Pflanzenteil:
Wurzel
Körperzone:
Knie, Knochen, Haut
Organsystem:
Kreislauf

Element:
Luft
Tagesqualität:
Licht
Nahrungsqualität:
Fett
Pflanzenteil:
Blüte
Körperzone:
Unterschenkel, Venen
Organsystem:
Drüsensystem

Donnerstag 11 AUGUST

Wassermann
zunehmender Mond

Von der Heilkraft der Gewürze: Petersilie. Da müssen wir wohl nicht viel erzählen: Die Blätter der Petersilie werden als Gewürzkraut meist roh verwendet oder nur kurz erhitzt, weil sie sonst ihr typisches Aroma verlieren. Die Liste der medizinischen Wirkungen von Petersilie ist lang: Die Volksmedizin nutzte Kraut und Wurzel u. a. bei Harngrieß, Nieren- und Blasensteinen, Milz- und Leberleiden, Gelbsucht, Kreislaufstörungen, Wassersucht, Verdauungs- und Blasenschwäche, Brustschmerzen, Verschleimung von Brust, Magen und Nieren, Blähungen, chronischem Husten und mangelnder Menstruation, den frischen Saft bei Mückenstichen.

Freitag 12 AUGUST

Schön sein, schön bleiben. Freitag ist der beste Zeitpunkt für die Nagelpflege, besonders nach Sonnenuntergang. Auch wenn es auf den ersten Blick absurd erscheint: Wer immer nur freitags seine Nägel pflegt, erspart sich auch viele Zahnschmerzen. Das ist einfach altes Erfahrungswissen. Lass dich aber nicht davon abhalten, regelmäßig zum Zahnarzt zu gehen! Generell haben Schmerzen ja den Sinn, auf Energieblockaden im Körper aufmerksam zu machen. Und leider verlassen sich viele Menschen darauf, zuerst Warnsignale zu bekommen, bevor sie vorbeugend in Aktion treten.

Element:
Luft
Tagesqualität:
Licht
Nahrungsqualität:
Fett
Pflanzenteil:
Blüte
Körperzone:
Unterschenkel, Venen
Organsystem:
Drüsensystem

02.36

Wassermann
Vollmond

Samstag

13

AUGUST

Element:
Wasser
Tagesqualität:
Feuchte
Nahrungsqualität:
Kohlenhydrate
Pflanzenteil:
Blatt
Körperzone:
Füße, Zehen
Organsystem:
Nervensystem

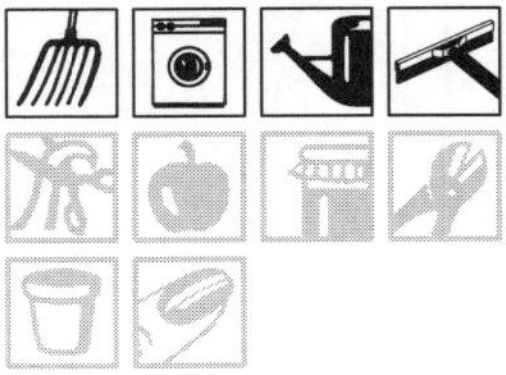

Fische
abnehmender Mond

Gesund bleiben, gesund werden. Einfach zum Nachdenken am Blatttag Fische: Kürzlich sagte ein Wissenschaftler, dass man selbstverständlich auf künstlich-chemische Produkte und Genmanipulation angewiesen sei, um den Herausforderungen durch Krebs, AIDS usw. zu begegnen. Wörtlich begründete er: »In Wirklichkeit stimmt es nicht, dass Gott gegen jede Krankheit ein Kraut wachsen ließ.« Halte dir vor Augen: Erst etwa ein Zehntel aller Kräuter der Welt sind auf ihre mögliche Heilwirkung untersucht! Was ist also von der Aussage des Wissenschaftlers zu halten? Mache dir dein eigenes Bild.

Sonntag

14

AUGUST

Einfach zum Nachdenken

Oft ist die Welt schlecht gescholten worden,
weil der, der sie schalt, schlecht geschlafen
oder zu viel gegessen hatte.
Oft ist die Welt seliggepriesen worden,
weil der, der sie pries,
eben ein Mädchen geküsst hatte.

Hermann Hesse

Fische
abnehmender Mond

Element:
Wasser
Tagesqualität:
Feuchte
Nahrungsqualität:
Kohlenhydrate
Pflanzenteil:
Blatt
Körperzone:
Füße, Zehen
Organsystem:
Nervensystem

Element:
Feuer
Tagesqualität:
Wärme
Nahrungsqualität:
Eiweiß, Frucht
Pflanzenteil:
Frucht
Körperzone:
Kopfbereich bis Oberkiefer
Organsystem:
Sinnesorgane

Montag

15

AUGUST

Mariä Himmelfahrt

Einfach zum Nachdenken

Erlaube deinem Geist, der Wahrheit ins Gesicht zu schauen. Du wirst sofort erkennen, dass bei jeder Gehirnwäsche auch ein Tauschhandel im Spiel ist. Es bringt Profit, den Mist zu glauben – und öffentlich zu zeigen, dass man ihm verfallen ist. Denn dann gehört man dazu! Zuerst zu Familie und Freundeskreis, Stammtisch und Clique, dann zu Bande und Partei. Du musst die passenden Glaubenssätze und Überzeugungen nur oft genug wiederholen, und schon nimmst du für bare Münze, was nur heiße Luft ist.

Ron Fischer

Widder
abnehmender Mond

Rezepte für die »Alpha-Omega-Formel«. Heute: Bolognese von roten Linsen. Zutaten: 3 EL Olivenöl * 1 Zwiebel, klein gewürfelt * 2 Zehen Knoblauch, gepresst * 2 mittlere Pastinaken, grob gerieben * 2 Stangen Staudensellerie, klein gewürfelt * 2 EL Tomatenmark * evtl. ½ TL Honig * 1 Dose Tomaten, gewürfelt, 400 g * 450 ml Gemüsebrühe * 120 g rote Linsen * 4 EL Kräuter nach Geschmack * ½ TL Fenchelsamen, im Mörser zerstoßen * 2 EL frische Petersilie oder Koriandergrün, grob gehackt * Salz und Pfeffer * Chilipulver. *(Lies morgen weiter)*

Dienstag

16

AUGUST

Element:
Feuer
Tagesqualität:
Wärme
Nahrungsqualität:
Eiweiß, Frucht
Pflanzenteil:
Frucht
Körperzone:
Kopfbereich bis Oberkiefer
Organsystem:
Sinnesorgane

Widder
abnehmender Mond

Mittwoch

17

AUGUST

Element:
Feuer
Tagesqualität:
Wärme
Nahrungsqualität:
Eiweiß, Frucht
Pflanzenteil:
Frucht
Körperzone:
Kopfbereich bis Oberkiefer
Organsystem:
Sinnesorgane

Widder
abnehmender Mond

(Fortsetzung von gestern) Und so geht's: In einer hohen Pfanne Zwiebel, Knoblauch, Pastinaken und Sellerie bei mittlerer Temperatur anschwitzen. Das Tomatenmark hinzugeben, auch evtl. etwas Honig, und anrösten. Tomaten, Brühe, Linsen und Kräuter (außer Petersilie/Koriandergrün) hinzugeben, zudecken und ca. 20–25 Minuten leise köcheln lassen. Eventuell noch etwas Flüssigkeit hinzugeben. Die Bolognese muss die Konsistenz der gewohnten Hackfleischsoße bekommen. Zum Schluss mit Chili abschmecken und mit Petersilie oder Koriandergrün bestreut servieren. Die Linsen-Bolognese schmeckt am besten über Hanf-Spaghetti, Fettuccine oder Tagliatelle.

Donnerstag

18

AUGUST

Der besondere Tipp. Dass heute nur zwei Symbole zu finden sind, ist kein Druckfehler. Stier im abnehmenden Mond liefert einfach kaum Anlass, ein eigenes immer wiederkehrendes Symbol zu setzen. Für eine solche Regelmäßigkeit gibt es keine geeigneten Tätigkeiten. Gönn dir einfach eine intensive Nackenmassage oder einen Halswickel und achte darauf, keine Zugluft an Hals und Schultern zu lassen – damit hast du diese Mondphase gut genutzt. An Stiertagen können Allergiker gut identifizieren, wogegen sie empfindlich sind. Die Mandeln reagieren nämlich deutlicher.

Element:
Erde
Tagesqualität:
Kälte
Nahrungsqualität:
Salz
Pflanzenteil:
Wurzel
Körperzone:
Unterkiefer, Halsregion
Organsystem:
Kreislauf

Stier
abnehmender Mond

Freitag

19

AUGUST

Element:
Erde
Tagesqualität:
Kälte
Nahrungsqualität:
Salz
Pflanzenteil:
Wurzel
Körperzone:
Unterkiefer, Halsregion
Organsystem:
Kreislauf

Stier
abnehmender Mond

Moon Power für Garten, Feld und Wald. In Garten, Feld und Wald entfaltet das Mondwissen ganze Kraft. Für alle Bäume und Sträucher zum Beispiel, die ein schwaches Wurzelwerk besitzen oder die ein Umpflanzen oder Umtopfen noch nicht ganz verkraftet haben, herrschen heute ideale Bedingungen zum vorsichtigen Zurückschneiden. Kürze einfach das Laub ein wenig, wie bei einem Haarspitzenschnitt, oder schneide bei einem Nadelgehölz die Spitze weg. Das Wurzelwerk erlebt diese kleine Maßnahme als Energieschub, es kräftigt sich, und alles erholt sich prächtig. Spezialtipp: An Neumond ist sogar das Tierkreiszeichen nicht so wichtig.

Samstag

20

AUGUST

Der Mond – dein guter Freund in Haushalt und Alltag. Eine Leserin fragte, wie man alten Rauch aus einer neu gemieteten Wohnung beseitigen kann. Als wichtigsten Schritt sollte man das Haus bei abnehmendem Mond an einem Lichttag wie heute (Zwillinge, Waage, Wassermann) ausräuchern. Dazu Weihrauch oder getrockneten Salbei auf Räucherkohle legen und bei anfangs geschlossenen und dann bei offenen Fenstern stark räuchern. Dann die Fenster noch einige Stunde offen lassen. In dieser Zeit nicht im Raum bleiben, auch nicht während des Räucherns. Ideal wäre danach ein neuer Anstrich, ebenfalls bei abnehmendem Mond.

Element:
Luft
Tagesqualität:
Licht
Nahrungsqualität:
Fett
Pflanzenteil:
Blüte
Körperzone:
Schultern, Arme, Hände
Organsystem:
Drüsensystem

Zwillinge
abnehmender Mond

Sonntag

21

AUGUST

Element:
Luft
Tagesqualität:
Licht
Nahrungsqualität:
Fett
Pflanzenteil:
Blüte
Körperzone:
Schultern, Arme, Hände
Organsystem:
Drüsensystem

Zwillinge
abnehmender Mond

Einfach zum Nachdenken

Kapitulationen, die in Freundschaft enden,
machen die Niederlage zum Sieg.

Christa Schyboll

Montag

22

AUGUST

Der besondere Tipp. Wie wäre es mit einem ausgiebigen Ölbad mit natürlichem Entschlackungsöl? Und dann heute nur das tun, was allen Freude macht und nicht irgendeinem Leistungsdruck oder Fitnesswahn entspringt. Nur, was du mit Freude tust, hat Sinn und Wirkung. Alles andere zieht hinab und schwächt. An Zwillinge neigen viele Menschen dazu, die Dinge gleichzeitig zu tun. Das bringt nur Unruhe, und die Ergebnisse sind auch nicht zufriedenstellend. Entscheidungen fällen ist nicht die Stärke an Zwillingetagen. Lerne so gut es geht, dich in solchen Situationen zu entspannen.

Zwillinge
abnehmender Mond

Element:
Luft
Tagesqualität:
Licht
Nahrungsqualität:
Fett
Pflanzenteil:
Blüte
Körperzone:
Schultern, Arme, Hände
Organsystem:
Drüsensystem

Element:
Wasser
Tagesqualität:
Feuchte
Nahrungsqualität:
Kohlenhydrate
Pflanzenteil:
Blatt
Körperzone:
Brustbereich, Lunge
Organsystem:
Nervensystem

Dienstag 23 AUGUST

Rezepte für die »Alpha-Omega-Formel«. Heute: Pilz-Pasta. Zutaten: 1 Zwiebel, klein geschnitten * Tamari-Sojasauce * 300 g Lieblingspilze, mundgerecht geschnitten * 1 Knoblauchzehe, gepresst * 1 TL Majoran, getrocknet * etwa 150 ml Gemüsebrühe * ½ Bund frische Blattpetersilie * 250 g Pasta nach Belieben. Und so geht's: Die Zwiebel in der Pfanne scharf anbraten, mit einem kleinen Schuss Tamari ablöschen, herausnehmen und beiseite stellen. Die Pilze in die Pfanne geben, leicht salzen und pfeffern und anbraten, bis alles gut riecht. *(Lies morgen weiter)*

Krebs
abnehmender Mond

Mittwoch 24 AUGUST

(Fortsetzung von gestern) Knoblauch ganz kurz mitbraten. Mit einem Schuss Tamari ablöschen, mit den Zwiebeln, etwas Gemüsebrühe und dem Majoran sanft einkochen, bis die gewünschte »Soßigkeit« erreicht ist. In der Zwischenzeit die Pasta nach Packungsanweisung und Geschmack kochen. Auch wenn es Bio-Pilze sind: Es kommt vor, dass sie wenig intensiv schmecken. Dann eignen sich pulverisierte Pilze zum Aufpeppen. Pfifferlinge schmecken uns am besten!

Element:
Wasser
Tagesqualität:
Feuchte
Nahrungsqualität:
Kohlenhydrate
Pflanzenteil:
Blatt
Körperzone:
Brustbereich, Lunge
Organsystem:
Nervensystem

Krebs
abnehmender Mond

Donnerstag

25

AUGUST

Element:
Feuer
Tagesqualität:
Wärme
Nahrungsqualität:
Eiweiß, Frucht
Pflanzenteil:
Frucht
Körperzone:
Herzregion, Kreislauf
Organsystem:
Sinnesorgane

Löwe
abnehmender Mond

Gesund bleiben, gesund werden. Kein Mondstand im Tierkreis beeinflusst Herz und Kreislauf stärker als das Tierkreiszeichen Löwe, spürbar an vielen Kleinigkeiten: schlechterer Schlaf, größere Reizbarkeit, mehr Wagemut. An Löwetagen im August, also heute bis übermorgen, solltest du dich vor großen körperlichen Anstrengungen hüten, wenn du nicht gut austrainiert bist. Auch die Sonne hält sich im Tierkreiszeichen Löwe auf, was die Wirkung auf den Kreislauf noch verstärkt. Gut informiert ist gut vorbereitet: Gehe es also bis übermorgen gelassen an und gönne Herz und Kreislauf so wenig Überlastung wie möglich.

Freitag

26

AUGUST

Von der Heilkraft der Gewürze: Pfeffer. Der scharf brennende Geschmack dieser Allzweckwaffe in der Küche wird durch Erregung von Wärme- und Schmerzrezeptoren auf der Zunge ausgelöst. Er hat eine deutlich appetitanregende und verdauungsfördernde Wirkung. Grüner Pfeffer wird aus unreifen, früh geernteten Früchten gewonnen und in Salzlake eingelegt. Schwarzer Pfeffer wird ebenfalls aus unreifen, immer noch grünen Früchten gewonnen, die beim Trocknen runzlig und schwarz werden. Weißer Pfeffer ist der Steinkern von vollreifem Pfeffer, der sich rot gefärbt hat. Roter Pfeffer besteht aus vollkommen reifen, ungeschälten Pfefferfrüchten und wird meist in salzige oder saure Lake eingelegt.

Löwe
abnehmender Mond

Element:
Feuer
Tagesqualität:
Wärme
Nahrungsqualität:
Eiweiß, Frucht
Pflanzenteil:
Frucht
Körperzone:
Herzregion, Kreislauf
Organsystem:
Sinnesorgane

Element:
Feuer
Tagesqualität:
Wärme
Nahrungsqualität:
Eiweiß, Frucht
Pflanzenteil:
Frucht
Körperzone:
Herzregion, Kreislauf
Organsystem:
Sinnesorgane

Samstag

27

AUGUST

09.16

Löwe
Neumond

Der Mond – dein guter Freund in Haushalt und Alltag. Nachdem Pellets- und Hackschnitzelheizungen aus besten Gründen immer weitere Verbreitung finden, wird diese Information sicher immer wichtiger: Häckselgut und Pellets herstellen, pressen und einlagern wäre am besten bei abnehmendem Mond, damit alles schön trocken bleibt beziehungsweise gut nachtrocknet. Auch für alle Feuerungsanlagen wäre das schonender und verlängert die Lebensdauer. Bei zunehmendem Mond an Wassertagen (Krebs, Skorpion, Fische) und an Jungfrau wird das Häckselgut leichter feucht, ist nicht so gut transportfähig und bekommt manchmal einen unangenehmen Geruch.

Einfach zum Nachdenken

Man kann einzelne Handlungen, die man bereut, wohl kritisch und verurteilend betrachten; aber man soll nicht sich selber abschätzig beurteilen, sondern erst einmal das, was man von Gott mitbekommen hat an Gaben und an Mängeln, annehmen, Ja dazu sagen und versuchen, das Beste daraus zu machen. Gott hat mit jedem von uns etwas gemeint, etwas versucht, und wir sind seine Gegner, wenn wir das nicht annehmen und ihm helfen, es zu verwirklichen.

Hermann Hesse

Sonntag

28

AUGUST

Element:
Erde
Tagesqualität:
Kälte
Nahrungsqualität:
Salz
Pflanzenteil:
Wurzel
Körperzone:
Verdauungsorgane
Organsystem:
Kreislauf

Jungfrau
zunehmender Mond

Montag

29

AUGUST

Jungfrau
zunehmender Mond

Element:
Erde
Tagesqualität:
Kälte
Nahrungsqualität:
Salz
Pflanzenteil:
Wurzel
Körperzone:
Verdauungsorgane
Organsystem:
Kreislauf

Rezepte für die »Alpha-Omega-Formel«. Heute: Pappardelle mit Kürbiskerncreme. Zutaten: 400 g Pappardelle oder breite Tagliatelle * Für die Kürbiskerncreme: * Olivenöl oder Sonnenblumenöl * 130 g Kürbiskerne * 2 EL Hefeflocken * 150 ml Gemüsebrühe (und etwa 200 ml Gemüsebrühe extra auf die Seite stellen) * 3 EL Zitronensaft * ¼ TL Agavendicksaft * 1 TL Majoran * 1 TL Oregano * 1 TL Basilikum * ½ TL Paprikapulver, geräuchert * 1 Knoblauchzehe, klein gehackt * 400 g Pfifferlinge oder andere Pilze, geputzt und mundgerecht geschnitten * Salz und Pfeffer * eventuell frische Petersilie oder Koriandergrün zum Servieren. *(Lies morgen weiter)*

Dienstag

30

AUGUST

(Fortsetzung von gestern) Und so geht's: Kürbiskerne mit kochendem Wasser aufgießen und 30 Minuten stehen lassen, dann abseihen und zusammen mit den restlichen Zutaten der Creme in den Mixer geben und gründlich pürieren. Eventuell etwas Gemüsebrühe nachgießen, damit die Paste nicht zu trocken wird und an den Mixerwänden hängen bleibt. Mit Salz und Pfeffer abschmecken. Inzwischen auch die Pasta vorbereiten. Olivenöl in einer Bratpfanne erhitzen. Knoblauch dazugeben und 30 Sekunden dünsten, Pilze hinzufügen und drei bis vier Minuten unter Rühren brutzeln lassen, anschließend die Kürbiskerncreme aus dem Mixer dazugeben und drei Minuten köcheln lassen. *(Lies morgen weiter)*

Waage
zunehmender Mond

Element:
Luft
Tagesqualität:
Licht
Nahrungsqualität:
Fett
Pflanzenteil:
Blüte
Körperzone:
Hüfte, Nieren, Blase
Organsystem:
Drüsensystem

Mittwoch

31

AUGUST

Element:
Luft
Tagesqualität:
Licht
Nahrungsqualität:
Fett
Pflanzenteil:
Blüte
Körperzone:
Hüfte, Nieren, Blase
Organsystem:
Drüsensystem

Waage
zunehmender Mond

(Fortsetzung von gestern) Die Pasta separat servieren oder gleich in die Bratpfanne mit dem Pilz-Kürbiskerncreme-Mix geben, verrühren und ein bis zwei Minuten lang erhitzen. Heiß, mit Petersilie oder Koriandergrün und schwarzem Pfeffer bestreut servieren. Nebenbei bemerkt: Wir können dir unser Buch *Die Alpha-Omega-Formel* nur sehr ans Herz legen. Eine Leseprobe hält unsere Website für dich bereit.

Donnerstag

1

SEPTEMBER

Der besondere Tipp. Ein besonders guter Tag für einen Neubeginn in jeder Hinsicht. Vielleicht der Grund, warum seit alter Zeit am 1. September in der Regel das Lehrjahr beginnt. Allen Schülern wünschen wir einen gute Start! Ein kleiner Hinweis für euch: Das Sprichwort »Nicht für die Schule, sondern fürs Leben lernen wir« hat Meister Seneca vor 2000 Jahren genau umgekehrt geschrieben. Schon damals wussten weise Menschen, dass vieles vom Lehrstoff überflüssig und Zeitverschwendung ist. Viel wichtiger sind Selbstsicherheit, innere Unabhängigkeit und Lebensfreude. Das müsst ihr euch selbst beibringen.

Element:
Wasser
Tagesqualität:
Feuchte
Nahrungsqualität:
Kohlenhydrate
Pflanzenteil:
Blatt
Körperzone:
Geschlechtsorgane
Organsystem:
Nervensystem

Skorpion
zunehmender Mond

Freitag

2

SEPTEMBER

Element:
Wasser
Tagesqualität:
Feuchte
Nahrungsqualität:
Kohlenhydrate
Pflanzenteil:
Blatt
Körperzone:
Geschlechtsorgane
Organsystem:
Nervensystem

Skorpion
zunehmender Mond

Gesund bleiben, gesund werden. Jetzt, im beginnenden Herbst, findest du mancherorts noch junge Brennnesseln. Beispielsweise dann, wenn irgendwo Brennnesseln abgemäht worden sind, die jetzt noch einmal frisch nachkommen. Meide jedoch Kräuter von Weges- und Straßenrändern, die oft von Hunden besucht oder von Autos verschmutzt wurden. Die Brennnesseln kannst du wie Spinat verarbeiten oder für den Wintervorrat als Teekräuter aufbewahren. Im Frühjahr dann kannst du wieder den Winterspeck wunderbar mit einer Teekur mit Brennnesseln bei abnehmendem Mond vertreiben. Die Skorpion-Energie verleiht heute allen Heilkräutern eine besondere Wirkung.

Samstag

3

SEPTEMBER

Der Mond – dein guter Freund in Haushalt und Alltag. Wer heute im Haus arbeiten möchte, angefangen vom Hausputz bis zu Renovierungsarbeiten aller Art, der sollte lieber noch einige Zeit warten, weil die Zeit dafür sehr ungünstig ist. Wenn unbedingt nötig, dann bitte nur ein »Notputz«. Ab dem 11. September herrscht wieder 14 Tage lang grünes Licht für gründliches Arbeiten. Und auch noch wichtig: Feuchte Schmutzwäsche sollte heute nicht lange liegen bleiben, weil sie bei zunehmendem Mond schneller modrig wird. Das gilt besonders für feuchte Badetücher, Badehosen und Decken, die schnell zu schimmeln beginnen.

Schütze
zunehmender Mond

Element:
Feuer
Tagesqualität:
Wärme
Nahrungsqualität:
Eiweiß, Frucht
Pflanzenteil:
Frucht
Körperzone:
Oberschenkel, Venen
Organsystem:
Sinnesorgane

Element:
Feuer
Tagesqualität:
Wärme
Nahrungsqualität:
Eiweiß, Frucht
Pflanzenteil:
Frucht
Körperzone:
Oberschenkel, Venen
Organsystem:
Sinnesorgane

Sonntag 4 SEPTEMBER

Einfach zum Nachdenken

Für die in Gewohnheiten erstarrten Patriarchen auf unserem Planeten müssen wir uns besondere Gegenmittel einfallen lassen, denn das Patriarchat gehört zu den zutiefst zerstörerischen Kräften auf dieser Erde. Alten weißgestrichenen Säcken ist es gelungen, das Gegeneinander in der Welt, die Rivalität und Gewaltbereitschaft als Bestandteil der menschlichen Natur zu verkaufen. Nichts könnte ferner der Wahrheit sein.

Ron Fischer

Schütze
zunehmender Mond

Montag 5 SEPTEMBER

Gesund bleiben, gesund werden. So kurz vor Vollmond könntest du wieder die gute Gelegenheit nutzen, einen Frucht- und Safttag einzulegen. Massagen tun heute besonders gut und lockern verkrampfte Muskeln. Muskelkater und »Pferdekuss« am Oberschenkel lassen sich mit einem Schwedenkräuter-Umschlag schnell beseitigen. An den Eiweißtagen Widder, Löwe und Schütze vertragen manche Menschen stark eiweißhaltige Speisen besonders gut, andere besonders schlecht. Beobachte, ob dein Speiseplan auffällig viel oder wenig Eiweiß enthält und welche Wirkung das auf dich hat.

Element:
Feuer
Tagesqualität:
Wärme
Nahrungsqualität:
Eiweiß, Frucht
Pflanzenteil:
Frucht
Körperzone:
Oberschenkel, Venen
Organsystem:
Sinnesorgane

Schütze
zunehmender Mond

Dienstag

6

SEPTEMBER

Element:
Erde
Tagesqualität:
Kälte
Nahrungsqualität:
Salz
Pflanzenteil:
Wurzel
Körperzone:
Knie, Knochen, Haut
Organsystem:
Kreislauf

Steinbock
zunehmender Mond

Der besondere Tipp. Vielleicht schmunzeln Mond-Neulinge darüber, aber viele LeserInnen haben es schon erfahren: Steinbock ist kein günstiger Zeitpunkt fürs erstmalige Tragen neuer Schuhe. Sie tun später oft weh und werden auch mit der Zeit nicht geschmeidiger. Wenn du dir dagegen an Wassermann neue Schuhe zulegst, dann weiten sie sich recht bald schneller als an anderen Tagen. Das kann aber auch ein nützlicher Nebeneffekt sein, nämlich bei zu engen oder zu harten Schuhen. In dem Fall einfach einige Zeit lang nur an Wassermann tragen! So manche Schuhe, die im Schrank »verschwunden« sind, könnten dann wieder getragen werden.

Mittwoch

7

SEPTEMBER

Der besondere Tipp. »Meine Freundin verwendet einen Mondkalender, der sich von eurem unterscheidet. Wem soll ich vertrauen?« Auf diese Frage gibt es eine kurze und eine ausführliche Antwort. Für Letztere geht einfach auf unsere Website www.paungger-poppe.com und klickt unter »Service« den Menüpunkt »Texte & Tools« an. In Kürze: Manchmal verwenden die Kalendermacher eine andere Berechnungsgrundlage, dann verschiebt sich das eine oder andere Tierkreiszeichen. Auch deshalb ist das Mondwissen immer wieder einmal im Laufe der Geschichte in Vergessenheit geraten. Welcher Schaden das ist, das können heute schon viele LeserInnen aus eigener Erfahrung sehr gut ermessen.

Steinbock
zunehmender Mond

Element:
Erde
Tagesqualität:
Kälte
Nahrungsqualität:
Salz
Pflanzenteil:
Wurzel
Körperzone:
Knie, Knochen, Haut
Organsystem:
Kreislauf

Element:
Luft
Tagesqualität:
Licht
Nahrungsqualität:
Fett
Pflanzenteil:
Blüte
Körperzone:
Unterschenkel, Venen
Organsystem:
Drüsensystem

Donnerstag

8

SEPTEMBER

Der besondere Tipp. Drei- bis viermal jährlich scheint der Planet Merkur von uns aus gesehen einige Wochen lang rückwärts zu laufen. In dieser Zeit wäre es sinnvoll, möglichst nichts Neues zu beginnen, keine wichtigen Verträge zu unterzeichnen, keine Unternehmungen zu starten – eine Regel, die früher noch beachtet worden ist. Diese Zeit ist ideal, um zu beenden und aufzuräumen – im weitesten Sinne. Der nächste »rückläufige Merkur« beginnt morgen und endet am 2. Oktober. Wie schon gesagt, du kannst diese drei Wochen super nutzen zum Aufräumen, Entrümpeln und Vorbereiten auf einen Neuanfang.

Wassermann
zunehmender Mond

Freitag

9

SEPTEMBER

Von der Heilkraft der Gewürze: Piment. Auch als Nelkenpfeffer, Jamaikapfeffer, Neugewürz (speziell in Österreich), Allgewürz bekannt. Der reichhaltige Geschmack erinnert gleichzeitig an mehrere andere Gewürze: Pfeffer, Zimt, Muskat und Nelken. Für die europäische Küche entdeckt wurde das aromatisch riechende Piment auf den Antillen durch Christoph Kolumbus, der ihm auch den Namen gab. Bis heute ist das Hauptanbaugebiet Jamaika, von wo rund zwei Drittel der Welternte stammen. Piment regt die Verdauung an und hilft gegen Blähungen, Appetitlosigkeit und Magenschwäche. Deshalb bietet sich das Gewürz gerade bei schwer verdaulichen Speisen an.

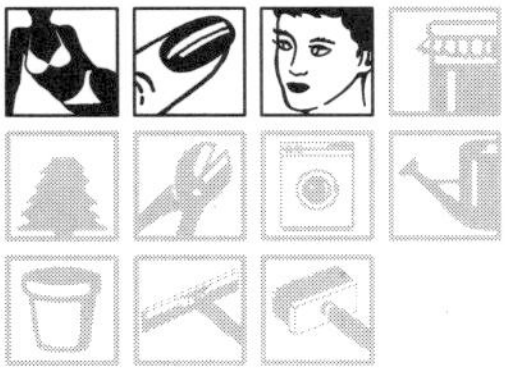

Element:
Luft
Tagesqualität:
Licht
Nahrungsqualität:
Fett
Pflanzenteil:
Blüte
Körperzone:
Unterschenkel, Venen
Organsystem:
Drüsensystem

Wassermann
zunehmender Mond

Samstag

10

SEPTEMBER

Element:
Wasser
Tagesqualität:
Feuchte
Nahrungsqualität:
Kohlenhydrate
Pflanzenteil:
Blatt
Körperzone:
Füße, Zehen
Organsystem:
Nervensystem

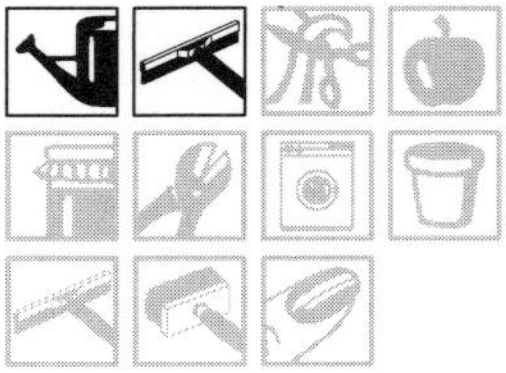

10.58

Fische
Vollmond

Der Mond – dein guter Freund in Haushalt und Alltag. Die Reinigung von gepolsterten Möbelstücken (Sitzbänke, Sitzkissen, auch Autositze) hat manchmal unbefriedigende Ergebnisse bis hin zu unangenehmen Gerüchen, die sich nach der Reinigung festsetzen. Der Mond kann dabei eine Rolle gespielt haben. Du solltest nämlich niemals bei zunehmendem Mond an Wassertagen (Krebs, Skorpion, Fische) reinigen! Die Sachen bekommen einen faden Geruch, trocknen sehr schlecht und können später schimmeln. Solltest du einen ungünstigen Zeitpunkt wählen *müssen*, wiederhole die Reinigung später bei abnehmendem Mond an einem Lichttag (Zwillinge, Waage, Wassermann).

Sonntag

11

SEPTEMBER

Einfach zum Nachdenken

Ängstigen Sie sich nicht zu sehr,
fliehen Sie weder ins Kindliche zurück
noch nach vorwärts in Trotz und Schnoddrigkeit,
es würde Ihnen beides nichts nützen.
Sagen Sie Ja zum Besten und Stärksten in Ihnen,
dann geht es schon weiter.

Hermann Hesse

Fische
abnehmender Mond

Element:
Wasser
Tagesqualität:
Feuchte
Nahrungsqualität:
Kohlenhydrate
Pflanzenteil:
Blatt
Körperzone:
Füße, Zehen
Organsystem:
Nervensystem

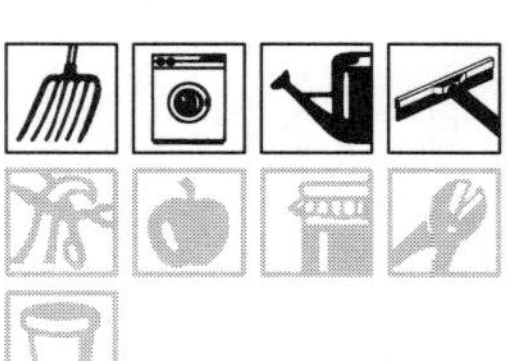

Element:
Feuer
Tagesqualität:
Wärme
Nahrungsqualität:
Eiweiß, Frucht
Pflanzenteil:
Frucht
Körperzone:
Kopfbereich bis Oberkiefer
Organsystem:
Sinnesorgane

Montag 12 SEPTEMBER

Widder
abnehmender Mond

Rezepte für die »Alpha-Omega-Formel«. Heute: Glasierte rote Bete mit schwarzen Senfkörnern. Zutaten: 6 rote Bete (etwa 700 g, die Stängel und Blätter können als Blattgemüse verwendet werden) * ½ EL Kümmel * ½ TL Kurkuma * 2 EL leichtes Pflanzenöl (etwa Sesamöl) * ½ TL schwarze Senfkörner * ½ TL Salz * 1 TL Zucker. Und so geht's: Rote Bete mit ganzem Kümmel (½ EL) gar dämpfen, wie du auch Kartoffeln garen würdest. Am einfachsten geht's im Schnellkochtopf. Die gekochten Rote Bete schälen und in etwa 0,5 cm dicke Stäbchen schneiden. Mit dem Kurkuma in einer Schale gut vermischen. *(Lies morgen weiter)*

Dienstag 13 SEPTEMBER

(Fortsetzung von gestern) Öl in einer großen Pfanne stark erhitzen, die Senfkörner zugeben. Einen Topfdeckel bereithalten, weil die Senfkörner im heißen Fett wie Popcorn springen. Wenn sie sich nach einigen Sekunden grau verfärben, die abgetropften rote Bete zugeben und gut mit dem Pflanzenöl mischen, Herdplatte ausschalten. Mit Salz und Zucker bestreuen, vermischen und nochmals zudecken. Eventuell nochmals abschmecken und heiß, warm oder gut gekühlt servieren. Dieses Rezept gehört zu unseren Lieblingsgerichten. Es hält sich im Kühlschrank bis zu einer Woche.

Element:
Feuer
Tagesqualität:
Wärme
Nahrungsqualität:
Eiweiß, Frucht
Pflanzenteil:
Frucht
Körperzone:
Kopfbereich bis Oberkiefer
Organsystem:
Sinnesorgane

Widder
abnehmender Mond

Mittwoch

14

SEPTEMBER

Element:
Erde
Tagesqualität:
Kälte
Nahrungsqualität:
Salz
Pflanzenteil:
Wurzel
Körperzone:
Unterkiefer, Halsregion
Organsystem:
Kreislauf

Stier
abnehmender Mond

Der Mond – dein guter Freund in Haushalt und Alltag. Jahreszeitlich passend eine Antwort auf die Frage eines Lesers: »Können Sie mir den besten Zeitpunkt fürs Lagern von Brennholz nennen?« Der richtige Zeitpunkt entscheidet hier tatsächlich, ob (und wie schnell) das Holz weiter trocknet oder ob der Trocknungsprozess stehen bleibt. Am besten eignen sich die Tage im abnehmenden Mond in einem Wärmezeichen (Widder, Löwe, Schütze). Ein Wärmezeichen ist zwar nicht zwingend nötig, aber Fische, Krebs, Skorpion und Jungfrau solltest du auf jeden Fall meiden. Sonst bleibt das Holz leichter feucht, und an Jungfrau bildet sich schneller Schimmel.

Donnerstag

15

SEPTEMBER

Gesund bleiben, gesund werden. Eine Leserin fragte, warum die Kombination Kaffee und Vollkornbrot ungesund ist. Sie ist schwer verdaulich und erzeugt oft Stunden später Kopfschmerzen, manchmal auch erst am nächsten Tag. Auf Dauer kann sie krank machen und Nieren, Leber und Milz schwächen. Leider ist dieser Zusammenhang noch nicht erforscht worden, weil die Wissenschaft noch zu sehr auf chemische Vorgänge konzentriert ist und zu wenig auf größere Zusammenhänge. Dass beispielsweise Weizen-Auszugsmehl für einen Großteil unserer Kreuzschmerzen verantwortlich ist, wissen erst wenige Orthopäden.

Stier
abnehmender Mond

Element:
Erde
Tagesqualität:
Kälte
Nahrungsqualität:
Salz
Pflanzenteil:
Wurzel
Körperzone:
Unterkiefer, Halsregion
Organsystem:
Kreislauf

Freitag

16

SEPTEMBER

Element:
Luft
Tagesqualität:
Licht
Nahrungsqualität:
Fett
Pflanzenteil:
Blüte
Körperzone:
Schultern, Arme, Hände
Organsystem:
Drüsensystem

Zwillinge
abnehmender Mond

Schön sein, schön bleiben. Wenn ich stur einer Ideologie folge, ohne meine Intelligenz und mein Gespür einzusetzen, kann sich sogar ein solch wertvolles Instrument wie der Mondkalender in eine Last verwandeln, die einem den Spaß am Leben verdirbt. Das Mondwissen soll ja gerade dazu dienen, Gefühl und Gespür zu wecken, zu entwickeln und zu schärfen. Wenn das gelungen ist, dann fühlt man deutlich, dass heute zwar eine guter Nagelpflege-Tag ist, dass aber die Zwillinge-Energie dieser guten Energie etwas entgegen arbeitet. Obwohl Freitag ist, ist heute nicht der allerbeste Nagelpflege-Tag im Jahr.

Samstag

17

SEPTEMBER

Gesund bleiben, gesund werden. Heute wieder eine gute Mini-Gymnastik für die Zwillingetage: Lass die Arme hängen und bewege beide Daumen schnell auf und ab und zähle dabei langsam bis sieben. Mach dann dasselbe mit beiden Zeigefingern. Bis sieben Sekunden zählen. Dann dasselbe mit Mittelfinger, Ringfinger und kleinem Finger. In diesen Sekunden erhält dein Körper einen Energieschub, ohne jeden Aufwand. Lass dir ein paar Sekunden Zeit und spüre, was in deinen Armen und im Körper passiert, was mit deiner Laune passiert und mit deinen Gedanken.

Element:
Luft
Tagesqualität:
Licht
Nahrungsqualität:
Fett
Pflanzenteil:
Blüte
Körperzone:
Schultern, Arme, Hände
Organsystem:
Drüsensystem

Zwillinge
abnehmender Mond

Sonntag

18

SEPTEMBER

Element:
Luft
Tagesqualität:
Licht
Nahrungsqualität:
Fett
Pflanzenteil:
Blüte
Körperzone:
Schultern, Arme, Hände
Organsystem:
Drüsensystem

Zwillinge
abnehmender Mond

Einfach zum Nachdenken

Die Wahrheit ist vorhanden für den Weisen,
die Schönheit für ein fühlend Herz.
Sie beide gehören füreinander.

Friedrich Schiller

Montag

19

SEPTEMBER

Der besondere Tipp aus unserem Buch *Das Tiroler Zahlenrad*: Die beiden Neuner im heutigen Datum begünstigen jede Form von Geschäftssinn und materieller Erfolgsorientierung. Jedoch nicht im Sinne von »Ausnutzen, Ausbeuten«, sondern »Chance nutzen«. Alle Chancen in Zusammenhang mit geschäftlichen Verbesserungen und mit Aufstiegsmöglichkeiten im Beruf lassen sich heute leichter erkennen und erfolgreich verfolgen. Sei also klug und erledige heute Geschäftliches mit Herz und Verstand. Den nötigen Schwung wird dir die Energie der Zahlen des heutigen Tages geben.

Krebs
abnehmender Mond

Element:
Wasser
Tagesqualität:
Feuchte
Nahrungsqualität:
Kohlenhydrate
Pflanzenteil:
Blatt
Körperzone:
Brustbereich, Lunge
Organsystem:
Nervensystem

Element:
Wasser
Tagesqualität:
Feuchte
Nahrungsqualität:
Kohlenhydrate
Pflanzenteil:
Blatt
Körperzone:
Brustbereich, Lunge
Organsystem:
Nervensystem

Dienstag
20
SEPTEMBER

Der besondere Tipp. Krebstage lassen manchmal die Nerven flattern, deshalb für dich zur Aufmunterung eine Geschichte aus dem alten Orient: Es war einmal ein mächtiger Sultan, den eines Tages ein seltsames Verlangen befiel. Er scharte weise Männer um sich und sagte: »Ich habe nur einen Wunsch. Ich möchte, dass ihr mir etwas bringt, das mich glücklich macht, wenn ich traurig bin. Und traurig macht, wenn ich glücklich bin.« Die Weisen setzten sich zusammen, überlegten lange und präsentierten schließlich das Ergebnis ihrer Mühen. Es war ein Ring, in den die Worte eingraviert waren: »Auch das wird vergehen.«

Krebs
abnehmender Mond

Gesund bleiben, gesund werden. Eine Leserin fragt uns: »Haben wir überhaupt eine Chance, althergebrachtes Wissen mit der heutigen Medizin zu verbinden?« Da sind wir sehr zuversichtlich, denn das heutige »Gesundheitswesen« ist ein Krankheitswesen. Wir können es uns schon sehr bald nicht mehr leisten, nur Krankheiten und Symptome zu bekämpfen, statt das Hauptgewicht der Aktivitäten in diesem Bereich darauf zu legen, wie man gesund *bleiben* kann. Der Zusammenhang ist eigentlich recht einfach: Solange Medizin und Industrie die Umsätze mit Gesundwerden statt Gesundbleiben machen, wird sich nichts verbessern.

Mittwoch
21
SEPTEMBER

Element:
Feuer
Tagesqualität:
Wärme
Nahrungsqualität:
Eiweiß, Frucht
Pflanzenteil:
Frucht
Körperzone:
Herzregion, Kreislauf
Organsystem:
Sinnesorgane

Löwe
abnehmender Mond

Donnerstag

22

SEPTEMBER

Element:
Feuer
Tagesqualität:
Wärme
Nahrungsqualität:
Eiweiß, Frucht
Pflanzenteil:
Frucht
Körperzone:
Herzregion, Kreislauf
Organsystem:
Sinnesorgane

Löwe
abnehmender Mond

Der Mond – dein guter Freund in Haushalt und Alltag. Gut geplant ist halb gewonnen: Naht auch bei dir die Zeit, Balkonblumen, Geranien und Terrassenpflanzen wieder in geschützte Unterstände umzusiedeln? Wähle auch für diese Arbeit unbedingt den richtigen Zeitpunkt! Wenn der Mond nämlich dabei gleichzeitig in Jungfrau steht, gibt er den Pflanzen den nötigen Kraftimpuls mit, um im nächsten Jahr im Frühling zu neuem farbigen Leben zu erwachen und allen Freude zu bringen. Jungfrau kommt schon bald, nämlich jetzt am Samstag und Sonntag! Lass dir aber nicht einreden, dass die Pflanzen vorher gegossen werden müssen!

Freitag

23

SEPTEMBER

Von der Heilkraft der Gewürze: Rosmarin. Klassisches Grillgewürz und harmoniert unter anderem mit Zucchini, Kartoffeln und Teigwaren. Auch für Süßspeisen findet das Blatt oder der Rosmarinhonig Anwendung. In der Naturheilkunde wird Rosmarin innerlich als Tee zur Kreislaufanregung und gegen Blähungen verwendet, vor allem wirkt er anregend bei der Blutzufuhr zu den Unterleibsorganen und der Bildung von Magen- und Darmsaft. Schwangere sollten allerdings auf Rosmarin verzichten. Äußerlich wirkt Rosmarin durchblutungssteigernd und wird daher zu Bädern sowohl bei Kreislaufschwäche, Durchblutungsstörungen als auch bei Gicht und Rheuma gebraucht.

Löwe
abnehmender Mond

Element:
Feuer
Tagesqualität:
Wärme
Nahrungsqualität:
Eiweiß, Frucht
Pflanzenteil:
Frucht
Körperzone:
Herzregion, Kreislauf
Organsystem:
Sinnesorgane

Samstag 24 September

Element:
Erde
Tagesqualität:
Kälte
Nahrungsqualität:
Salz
Pflanzenteil:
Wurzel
Körperzone:
Verdauungsorgane
Organsystem:
Kreislauf

Moon Power für Garten, Feld und Wald. Der Mondkalender kann auch einmal zum sinnvollen Nichtstun einladen. Landwirte sollten zum Beispiel eine intensive Stallpflege heute eher ausfallen lassen. Einfach die tägliche Reinigung heute und morgen etwas weniger intensiv machen. Wenn du nämlich eine ungünstige Zeit wählst, bleibt der Stall länger nass und feucht. Schimmel kann sich bilden, die Tiere werden anfälliger für Krankheiten. Wenn du den richtigen Zeitpunkt einhältst (bei abnehmendem Mond an Krebs, Skorpion oder Fische) bleibt der Stall länger sauber. Bakterien vermehren sich langsamer, die Tiere sind robuster.

Jungfrau
abnehmender Mond

Sonntag 25 September

Einfach zum Nachdenken

In einem leer stehenden Tempel in den Bergen war ein Pärchen beim Liebesspiel erwischt worden. Die wütenden Dorfbewohner sahen dadurch den Tempel entweiht. Sie brachten das Paar zu einem Zen-Meister und fragten ihn, wie man sie angemessen bestrafen könnte. Der Meister antwortete: »Was ist mit den Katzen im Tempel? Treiben die es nicht dort den lieben langen Tag? Warum habt ihr sie nicht bestraft?«, fragte der Meister. Den Dorfbewohnern verschlug es die Sprache. »Also regt euch nicht auf«, sagte der Meister. »Wenn es überhaupt eine Entweihung gibt, so ist sie in euren Köpfen passiert.«

Element:
Erde
Tagesqualität:
Kälte
Nahrungsqualität:
Salz
Pflanzenteil:
Wurzel
Körperzone:
Verdauungsorgane
Organsystem:
Kreislauf

22.54

Jungfrau
Neumond

Montag

26

SEPTEMBER

Element:
Luft
Tagesqualität:
Licht
Nahrungsqualität:
Fett
Pflanzenteil:
Blüte
Körperzone:
Hüfte, Nieren, Blase
Organsystem:
Drüsensystem

Waage
zunehmender Mond

Rezepte für die »Alpha-Omega-Formel«. Heute: Karotten-Rosinen-Dessert. Zutaten: 400 g Karotten, geschält und fein geraspelt * 3 EL Butterschmalz * 2 EL Grieß * 3 EL Mandeln, gehackt * 3 EL Rosinen * 300 ml Pflanzenmilch (Mandel, Hafer etc.) * 4 EL Zucker * 1 Prise Kardamom, gemahlen. Und so geht's: In einem Topf etwa 2 EL Butterschmalz erhitzen, mit den Karottenraspeln vermischen und dann etwa 15 Minuten garen. Inzwischen 1 EL Butterschmalz in einer Pfanne erhitzen und darin Grieß und Mandeln etwa 5 Minuten anrösten lassen. *(Lies morgen weiter)*

Dienstag

27

SEPTEMBER

(Fortsetzung von gestern) Die Rosinen waschen, abtropfen lassen und in einem Topf mit der Milch und dem Zucker zum Kochen bringen. Sofort Karottenraspel, die Grieß-Mandel-Mischung und eine Prise Kardamom hinzufügen und alles etwa 10 Minuten köcheln lassen, bis das Dessert schön cremig ist. Falls die Masse flüssig bleibt, etwas mehr Grieß hinzufügen. Alpha-Typen mögen es gern, wenn sie in solchen Desserts auf ganze Kardamom-Samen beißen. Eine kleine Geschmacksexplosion!

Waage
zunehmender Mond

Element:
Luft
Tagesqualität:
Licht
Nahrungsqualität:
Fett
Pflanzenteil:
Blüte
Körperzone:
Hüfte, Nieren, Blase
Organsystem:
Drüsensystem

Element:
Luft
Tagesqualität:
Licht
Nahrungsqualität:
Fett
Pflanzenteil:
Blüte
Körperzone:
Hüfte, Nieren, Blase
Organsystem:
Drüsensystem

Mittwoch 28 SEPTEMBER

Gesund bleiben, gesund werden. Waage regiert die Hüftregion, deshalb heute ein Tipp für Gesundheit in diesem Bereich: Das Übereinanderschlagen der Beine im Sitzen ist ungesund, weil eine der Hauptursachen für Beckenschiefstand und gelenksbedingte Beinlängenverkürzungen. Du solltest zuerst einen guten Chiropraktiker oder Osteopathen aufsuchen, wenn deine Beine verschieden lang sind. Die Differenz kann nämlich in vielen Fällen wieder rückgängig gemacht werden. Spezielle Schuheinlagen zum »Ausgleichen« sind oftmals eine überflüssige bis schädliche Maßnahme, weil ja kein echter Beinlängenunterschied vorliegt. Sie wirken dann wie Krücken trotz gesunder Beine.

Waage
zunehmender Mond

Donnerstag 29 SEPTEMBER

Gesund bleiben, gesund werden. Ein Kräuter-Sitzbad an Skorpion ist wie ein Mini-Urlaub mit Maxi-Wirkung, besonders an Vollmond! Lass einmal den Unterschied zwischen einem Sitzbad an Skorpion und an anderen Tagen auf dich wirken. Du spürst sofort, was es bedeutet, wenn man sagt, dass Skorpion Geschlechtsorgane und Hüftregion »regiert«. Für Sitzbäder eignen sich am besten: Schafgarbe, Kamille, Hirtentäschel, Frauenmantel. Bitte aber in Bio-Qualität, denn die Kräuter wirken nicht nur über ihre Inhaltsstoffe, sondern auch durch ihre innere Schwingung, ihre Lebendigkeit.

Element:
Wasser
Tagesqualität:
Feuchte
Nahrungsqualität:
Kohlenhydrate
Pflanzenteil:
Blatt
Körperzone:
Geschlechtsorgane
Organsystem:
Nervensystem

Skorpion
zunehmender Mond

Freitag

30

SEPTEMBER

Element:
Wasser
Tagesqualität:
Feuchte
Nahrungsqualität:
Kohlenhydrate
Pflanzenteil:
Blatt
Körperzone:
Geschlechtsorgane
Organsystem:
Nervensystem

Skorpion
zunehmender Mond

Gesund bleiben, gesund werden. Pflanzliches Eiweiß aus Hülsenfrüchten ist ohne Zweifel wertvoller als aus tierischen Quellen. Leider haben manche eine Abneigung, mehr davon zu essen, wegen der eventuellen Blähungen, die sich einstellen. Erstens aber führen Fleisch und Weißmehl viel häufiger zu Blähungen, zweitens lässt sich diese Gefahr fast auf Null drücken, wenn man die Bohnen, Erbsen, Linsen usw. über Nacht einweicht. Nur weil dieser »Trick« wenig bekannt ist, wäre es schade, auf den Zuwachs an gesunder Ernährung und Lebensfreude zu verzichten. Bei vorgekochten Bio-Bohnen etc. besteht die Gefahr ohnehin kaum.

Samstag

1

OKTOBER

Gesund bleiben, gesund werden. Fit mit der Schütze-Energie! Lehne dich mit dem Rücken gerade an eine Wand oder an den Türstock, mit den Füßen hältst du eine Fußlänge Abstand zur Wand. Der Kopf sollte leicht an der Wand lehnen, damit sich der Nacken nicht verspannt, und die Arme bleiben hängen. Rutsche nun langsam an der Wand hinunter, bis die Oberschenkel spannen, vibrieren und warm werden. Atme dabei aus und zähle anfangs bis drei, später dann bis sieben. Beim Einatmen relativ schnell wieder nach oben rutschen. Das Ganze dreimal. Genieße das gute Gefühl, das sich dann einstellt.

Schütze
zunehmender Mond

Element:
Feuer
Tagesqualität:
Wärme
Nahrungsqualität:
Eiweiß, Frucht
Pflanzenteil:
Frucht
Körperzone:
Oberschenkel, Venen
Organsystem:
Sinnesorgane

Element:
Feuer
Tagesqualität:
Wärme
Nahrungsqualität:
Eiweiß, Frucht
Pflanzenteil:
Frucht
Körperzone:
Oberschenkel, Venen
Organsystem:
Sinnesorgane

Sonntag

2

OKTOBER

Einfach zum Nachdenken

Ein eifriger Zen-Schüler fragte seinen Meister: »Wie lange wird es wohl dauern, bis ich erleuchtet sein werde?« »Na, sagen wir zehn Jahre«, sagte der Meister gelassen. »Aber Meister, ich will keine zehn Jahre warten«, sagte der Schüler. »Ich bin bereit, hart dafür zu arbeiten. Ich will jeden Tag praktizieren und acht Stunden täglich meditieren!« Der Meister stieß einen Seufzer aus: »Dann wird es wohl eher zwanzig Jahre dauern.«

Schütze
zunehmender Mond

Montag

3

OKTOBER

Tag der Dt. Einheit

Einfach zum Nachdenken

Wenn die Repräsentanten eines Staates
etwas Dummes tun
und ich mich als Bürger dieses Staates
nicht davon betroffen fühle,
dann lebe ich in keinem demokratischen Staat.

Alexander Mitscherlich

Element:
Erde
Tagesqualität:
Kälte
Nahrungsqualität:
Salz
Pflanzenteil:
Wurzel
Körperzone:
Knie, Knochen, Haut
Organsystem:
Kreislauf

Steinbock
zunehmender Mond

Dienstag

4

OKTOBER

Element:
Erde
Tagesqualität:
Kälte
Nahrungsqualität:
Salz
Pflanzenteil:
Wurzel
Körperzone:
Knie, Knochen, Haut
Organsystem:
Kreislauf

Steinbock
zunehmender Mond

Gesund bleiben, gesund werden. Blutbildende Lebensmittel, wie beispielsweise alle rot gefärbten Gemüse, wirken an »Erdtagen« (Stier, Jungfrau, Steinbock) besonders gut. In den Wintermonaten kommen bei uns zu Hause oft Rote Bete auf den Tisch, nicht nur als Saft. Sie helfen nicht nur bei der Blutbildung, sondern auch beim Entgiften. Du kannst regelrecht fühlen, wie sie den Kopf frei machen. Auch als Rohkost, etwa in einen Salat geschnetzelt, sind sie gut geeignet. Das hat den Vorteil, dass es am Morgen schneller geht, etwa wenn du einen Smoothie zubereiten willst. Ein guter Start in den Tag!

Mittwoch

5

OKTOBER

Gesund bleiben, gesund werden. Wassermann-Fitness, und der Winter kann kommen! Beuge dich im Stehen nach vorne, halte die Knie gestreckt und lass den Kopf entspannt zwischen den Armen hängen. Nun erlaube deinen Fingerspitzen, sich langsam dem Boden zu nähern. Bis die ganze Beinrückseite leicht spannt (nicht wippen!), dabei ausatmen. Bei dieser Übung ist es besonders wichtig, jeden Leistungsgedanken auf die Seite zu legen. Es kommt nicht darauf an, die Zehenspitzen zu erreichen. Es kommt nicht darauf an, sie besonders schnell zu erreichen. Es geht mit der Zeit von selbst. Das Ganze sieben Sekunden lang dreimal.

Wassermann
zunehmender Mond

Element:
Luft
Tagesqualität:
Licht
Nahrungsqualität:
Fett
Pflanzenteil:
Blüte
Körperzone:
Unterschenkel, Venen
Organsystem:
Drüsensystem

Donnerstag

6

OKTOBER

Element:
Luft
Tagesqualität:
Licht
Nahrungsqualität:
Fett
Pflanzenteil:
Blüte
Körperzone:
Unterschenkel, Venen
Organsystem:
Drüsensystem

Wassermann
zunehmender Mond

Gesund bleiben, gesund werden. Worin besteht die beste Krankheitsvorbeugung? In guter Gesundheit aus eigener Kraft. Vor allem die gute Durchblutung, der stabile Kreislauf ist die Basis dafür. Wassermann im zunehmenden Mond ist besonders geeignet für Massagen der Unterschenkel, die auch der Kräftigung des ganzen Körpers dienen. Eine sehr angenehme Begleiterscheinung, von der uns unsere Leser immer wieder berichten: Sie sind längst nicht mehr so müde wie früher. Und wenn ein Müdigkeitsanfall naht, verschwindet er oftmals nach kurzer Massage oder Gymnastik. Manchmal genügt es sogar schon, sich ausgiebig zu strecken.

Freitag

7

OKTOBER

Von der Heilkraft der Gewürze: Safran. Ein besonderes Gewürz! Es besteht aus den feinen Blütengriffeln einer Krokusart. Dass Safran nicht nur den »Kuchen gel« macht, sondern auch viele andere Gerichte, speziell Reisgerichte, wissen inzwischen viele Hobbyköche. Dass er aber auch eine ganz besondere intensive Geschmacksnote mitbringen kann, erschließt sich erst, wenn du etwas Geld locker machst und spanischen Safran kaufst. Unbedingt dunkel aufbewahren, weil Safran sonst schnell ausbleicht. Um den aromatischen Duft zu bewahren, sollte Safran nicht lange gekocht werden.

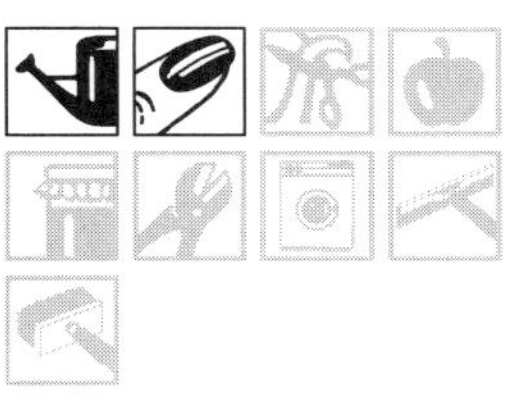

Element:
Wasser
Tagesqualität:
Feuchte
Nahrungsqualität:
Kohlenhydrate
Pflanzenteil:
Blatt
Körperzone:
Füße, Zehen
Organsystem:
Nervensystem

Fische
zunehmender Mond

Samstag

8

OKTOBER

Element:
Wasser
Tagesqualität:
Feuchte
Nahrungsqualität:
Kohlenhydrate
Pflanzenteil:
Blatt
Körperzone:
Füße, Zehen
Organsystem:
Nervensystem

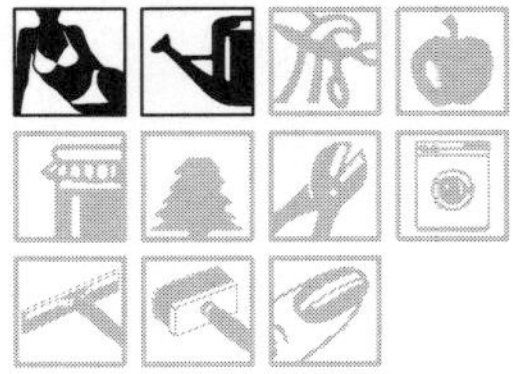

Fische
zunehmender Mond

Der besondere Tipp. Persönliche Erfahrung ist besser als Bücherwissen. Es gibt beispielsweise eine unfehlbare Methode, um Gartenscheren, Messer und Sensen sehr stumpf zu machen – so stumpf, dass sie tatsächlich kaum mehr so scharf geschliffen werden können, wie im Originalzustand: Wenn du sie bei zunehmendem Mond in den Tagen vor Vollmond oder direkt an Vollmond draußen liegen lässt. Du möchtest diese Regel testen? Lass eine Rasierklinge heute Nacht auf dem Fensterbrett draußen liegen. Das anschließende Rasieren macht sicherlich keinen Spaß. Gerade Handwerkszeug sollte immer sorgfältig verräumt werden, ganz besonders an Vollmond.

Sonntag

9

OKTOBER

Einfach zum Nachdenken

Keine Schneeflocke fällt
auf die falsche Stelle.

Zen-Weisheit

21.53

Widder
Vollmond

Element:
Feuer
Tagesqualität:
Wärme
Nahrungsqualität:
Eiweiß, Frucht
Pflanzenteil:
Frucht
Körperzone:
Kopfbereich bis Oberkiefer
Organsystem:
Sinnesorgane

Element:
Feuer
Tagesqualität:
Wärme
Nahrungsqualität:
Eiweiß, Frucht
Pflanzenteil:
Frucht
Körperzone:
Kopfbereich bis Oberkiefer
Organsystem:
Sinnesorgane

Montag

10

OKTOBER

Rezepte für die »Alpha-Omega-Formel«. Heute: Martinas Bananenbrot. Zutaten: 120 g Mehl * 1 TL Backpulver * 1 Prise Salz * 2 EL Sonnenblumenöl * 80 bis 90 g Rohrohrzucker * 2 EL Sojamehl in 80 ml Soja- oder Getreidemilch verrührt * 3–4 reife Bananen, mit der Gabel zerdrückt * nach Belieben ein wenig Vanillezucker und eine kleine Messerspitze Zimt. Und so geht's: In einer kleinen Schüssel Mehl, Backpulver und Salz mischen. In einer größeren Öl, Zucker, Gewürze und das verrührte Sojamehl mixen. *(Lies morgen weiter)*

Widder
abnehmender Mond

(Fortsetzung von gestern) Anschließend das Mehlgemisch unterrühren, die zerdrückten Bananen unterziehen. Eine Brotform einfetten oder mit Backpapier auslegen, Teig gleichmäßig darin verteilen und etwa 42 Minuten im Ofen bei 180 Grad backen.
Für Alpha-Typen ersetze einfach das Öl im Rezept mit 2 gehäuften EL weicher Butter. Die Bananen machen das Dessert allerdings etwas »schwer« für Alphas.

Dienstag

11

OKTOBER

Element:
Erde
Tagesqualität:
Kälte
Nahrungsqualität:
Salz
Pflanzenteil:
Wurzel
Körperzone:
Unterkiefer, Halsregion
Organsystem:
Kreislauf

Stier
abnehmender Mond

Mittwoch

12

OKTOBER

Element:
Erde
Tagesqualität:
Kälte
Nahrungsqualität:
Salz
Pflanzenteil:
Wurzel
Körperzone:
Unterkiefer, Halsregion
Organsystem:
Kreislauf

Stier
abnehmender Mond

Moon Power für Garten, Feld und Wald. Ein Tipp beziehungsweise eine Bitte für die Laubfall-Saison: Jetzt bei abnehmendem Mond einfach mit dem Rasenmäher ohne Fangsack mehrmals übers trockene Laub fahren und dann liegen lassen. Du kannst dann zuschauen, wie der Mulch bald in der Erde verschwindet. Laub gehört nicht abtransportiert, sondern unter Bäume und Hecken gerecht als Nahrung für den Boden und für die Regenwürmer. Ohne unser Zutun verwandeln sich die Blätter in schönste Erde. Wenn wir dem natürlichen Kreislauf die Nahrung entziehen, sollten wir uns nicht wundern, wenn nichts mehr zu unserer Zufriedenheit wächst.

Donnerstag

13

OKTOBER

Der Mond – dein guter Freund in Haushalt und Alltag. Firmen aller Größen und Branchen könnten sich gewaltige Summen sparen, wenn sie bei bestimmten Tätigkeiten auf den Mondstand achten würden. Zumindest tun das all jene Unternehmen, die wir im Laufe der Zeit beraten haben. Ein Beispiel: Wer mit Wartung und Reparatur von Sportanlagen und Spielplätzen befasst ist, in denen viel Holz verbaut ist, der weiß das Wissen vom »richtigen Zeitpunkt« sehr zu schätzen. Alles bleibt haltbar und robust, auf imprägnierende Chemie kann verzichtet werden. Die Grundregel? Heikle Arbeiten verlegen diese Firmen generell in den abnehmenden Mond.

Element:
Erde
Tagesqualität:
Kälte
Nahrungsqualität:
Salz
Pflanzenteil:
Wurzel
Körperzone:
Unterkiefer, Halsregion
Organsystem:
Kreislauf

Stier
abnehmender Mond

Freitag

14

OKTOBER

Element:
Luft
Tagesqualität:
Licht
Nahrungsqualität:
Fett
Pflanzenteil:
Blüte
Körperzone:
Schultern, Arme, Hände
Organsystem:
Drüsensystem

Zwillinge
abnehmender Mond

Der Mond – dein guter Freund in Haushalt und Alltag. Wenn du heute stark Verschmutztes mit Hochdruck reinigen möchtest, ist dafür wieder einmal ein guter Tag: Hartnäckige Verunreinigung von Terrassen, Werkstätten, die mit Sandstrahl etwas entrosten müssen, Wasserstrahlreinigung von Ställen oder Lagerräumen usw. Der Erfolg wäre langfristiger! Wenn du in der Stadt lebst und Balkone vom Taubendreck befreien willst, heute geht es leichter. Auch vermooste Dächer lassen sich heute mühelos von unerwünschter Last befreien. Diese Arbeit zum richtigen Zeitpunkt hat schon viele LeserInnen vom Wirken der Mondrhythmen überzeugt.

Samstag

15

OKTOBER

Schön sein, schön bleiben. Starke Hornhautbildung ist ein immer wiederkehrendes kleines Übel. Manchmal kann es sinnvoll sein, die Hornhaut in einem Kosmetikstudio entfernen zu lassen. Wenn du auf den richtigen Zeitpunkt achtest – bei abnehmendem Mond außer Fische und Steinbock –, dann bleibt die Haut lange geschmeidig und weich. Bei Steinbock würde die Haut hinterher noch härter, bei Fische bleibt sie einige Zeit lang sehr empfindlich. Wenn es um die Klauenpflege bei Tieren geht, wäre Steinbock allerdings günstig, während Fische auch hier kein besonders positiver Einfluss ist.

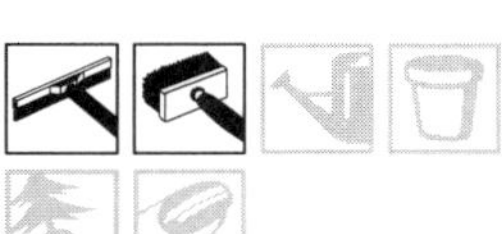

Element:
Luft
Tagesqualität:
Licht
Nahrungsqualität:
Fett
Pflanzenteil:
Blüte
Körperzone:
Schultern, Arme, Hände
Organsystem:
Drüsensystem

Zwillinge
abnehmender Mond

Sonntag
16
OKTOBER

Element:
Wasser
Tagesqualität:
Feuchte
Nahrungsqualität:
Kohlenhydrate
Pflanzenteil:
Blatt
Körperzone:
Brustbereich, Lunge
Organsystem:
Nervensystem

Krebs
abnehmender Mond

Einfach zum Nachdenken

Sei gegenwärtig in allem, was du tust,
die einzige Wirklichkeit ist jetzt.
Solange du Vergangenem nachhängst
oder Zukünftigem nachstellst,
bist du nicht wirklich hier, am Leben.

Zen-Weisheit

Montag
17
OKTOBER

Der Mond – dein guter Freund in Haushalt und Alltag. Gartengeräte bis hin zum Rasenmäher könnten mit großem Erfolg an Krebs im abnehmenden Mond gereinigt werden. Was auch immer deiner Putzwut zum Opfer fallen wird und in frischem Glanz erstrahlt – eines solltest du beachten: An Wassertagen gereinigte Dinge sollten nicht im feuchten Zustand irgendwo wieder verstaut werden (in Schuppen oder Gerätekellern usw.), besonders dann nicht, wenn sie schon für den Winter verräumt werden sollen. Abwarten, bis alles gründlich abgetrocknet ist. Am besten du wartest, bis der Mond immer noch abnimmt und in einem Luft- oder Feuerzeichen steht. *(Lies morgen weiter)*

Krebs
abnehmender Mond

Element:
Wasser
Tagesqualität:
Feuchte
Nahrungsqualität:
Kohlenhydrate
Pflanzenteil:
Blatt
Körperzone:
Brustbereich, Lunge
Organsystem:
Nervensystem

Element:
Wasser
Tagesqualität:
Feuchte
Nahrungsqualität:
Kohlenhydrate
Pflanzenteil:
Blatt
Körperzone:
Brustbereich, Lunge
Organsystem:
Nervensystem

Dienstag 18 OKTOBER

Krebs
abnehmender Mond

Der Mond – dein guter Freund in Haushalt und Alltag. Aquarien-, Schwimmbad- und Fischteichbesitzer können vom richtigen Zeitpunkt profitieren, wenn sie bei der Reinigung auf den abnehmenden Mond und einen Wassertag (Krebs, Skorpion, Fische) achten. Neben der intensiveren Reinigungswirkung hat das den Vorteil, dass auch die Wahrscheinlichkeit von Fischkrankheiten sinkt! Wenn du dem Wasser und den Fischen noch etwas besonders Gutes tun willst, dann füge noch »effektive Mikroorganismen« hinzu. Sie bringen Mensch, Tier und Umwelt einen speziellen positiven Einfluss. Bücher zum Thema gibt es inzwischen sehr brauchbare.

Mittwoch 19 OKTOBER

Rezepte für die »Alpha-Omega-Formel«. Heute: Schwarze-Bohnen-Dip (»Vegane Pastete«). Zutaten: 1 EL Olivenöl * 2 EL Limettensaft oder Zitronensaft * 1 EL Tahini * 1 Knoblauchzehe, halbiert * 1 Dose (400 g) schwarze Bohnen, abgetropft, 1 EL der Abtropfflüssigkeit aufheben * ¼ TL Salz (eher weniger) * ½ TL gemahlener Kreuzkümmel * ½ TL Majoran (eher mehr) * ¼ TL Cayennepfeffer * ¼ TL Paprikapulver, geräuchert. *(Lies morgen weiter)*

Löwe
abnehmender Mond

Element:
Feuer
Tagesqualität:
Wärme
Nahrungsqualität:
Eiweiß, Frucht
Pflanzenteil:
Frucht
Körperzone:
Herzregion, Kreislauf
Organsystem:
Sinnesorgane

Donnerstag

20

OKTOBER

Element:
Feuer
Tagesqualität:
Wärme
Nahrungsqualität:
Eiweiß, Frucht
Pflanzenteil:
Frucht
Körperzone:
Herzregion, Kreislauf
Organsystem:
Sinnesorgane

Löwe
abnehmender Mond

(Fortsetzung von gestern) Und so geht's: Alle Zutaten in den Hochleistungsmixer geben und so lange mixen, bis die gewünschte Konsistenz erreicht ist, etwa nach 5 bis 10 Sekunden. Einer unserer absoluten Favoriten, dieser Aufstrich! Wenn du keinen Dip-Aufsatz hast, dann einfach die Mengen verdoppeln und alle drei, vier Sekunden die Zutaten von den Mixerwänden nach unten schieben.

Freitag

21

OKTOBER

Von der Heilkraft der Gewürze: Salbei. Der Name stammt vom lateinischen Wort *salvare* für heilen und deutet auf die Heilkraft der Pflanze. Der Echte Salbei (Salvia officinalis) war bereits im Altertum bekannt und wurde im Mittelalter von Mönchen über die Alpen gebracht. Dieser wird vielseitig genutzt, einerseits als Küchengewürz und andererseits in der Heilkunde. Die Blätter und Blüten werden roh oder gegart gegessen. Die sehr aromatischen Blätter werden zum Würzen von gekochten Speisen verwendet. Die Blätter wirken verdauungsfördernd und werden daher bei schweren, fettigen Speisen verwendet.

Jungfrau
abnehmender Mond

Element:
Erde
Tagesqualität:
Kälte
Nahrungsqualität:
Salz
Pflanzenteil:
Wurzel
Körperzone:
Verdauungsorgane
Organsystem:
Kreislauf

Element:
Erde
Tagesqualität:
Kälte
Nahrungsqualität:
Salz
Pflanzenteil:
Wurzel
Körperzone:
Verdauungsorgane
Organsystem:
Kreislauf

Samstag
22
OKTOBER

Jungfrau
abnehmender Mond

Wieder ein Spezialtipp für den »Verdauungstag« Jungfrau. Die Lebenskraft von Gemüse, das mit der Hand zerkleinert wird, ist höher als die von maschinell bearbeitetem. Allgegenwärtiger Zeitdruck und Schnellgerichte – zwei krankmachende Faktoren unserer Zeit. Mach dir einmal den Spaß, die Zeit zu stoppen, die du brauchst, um eine Küchenmaschine hervorzuholen, zu benutzen und hinterher zu reinigen. Danach vergleiche sie mit der Zeit, die du brauchst, um das Gemüse von Hand zu zerkleinern, mit einem guten Messer. Scharfe Messer gehören übrigens nicht in die Spülmaschine!

Sonntag
23
OKTOBER

Einfach zum Nachdenken

Während der ersten Welle der Corona-Pandemie gingen in fast allen Weltgegenden die eigentlich zu erwartenden Sterberaten zurück. Medien und Experten »begründeten« das allen Ernstes damit, dass man viele Operationen verschieben musste. Niemand in den Talkshows und Expertenrunden und Pressekonferenzen fragte nach, was das denn genau betrachtet bedeutet. Niemand fragte, ob das nicht eigentlich heißt, dass Operationen das Leben verkürzen. Bitte denkt ein wenig über diesen Zusammenhang nach.

Ron Fischer

Element:
Erde
Tagesqualität:
Kälte
Nahrungsqualität:
Salz
Pflanzenteil:
Wurzel
Körperzone:
Verdauungsorgane
Organsystem:
Kreislauf

Jungfrau
abnehmender Mond

Montag

24

OKTOBER

Element:
Luft
Tagesqualität:
Licht
Nahrungsqualität:
Fett
Pflanzenteil:
Blüte
Körperzone:
Hüfte, Nieren, Blase
Organsystem:
Drüsensystem

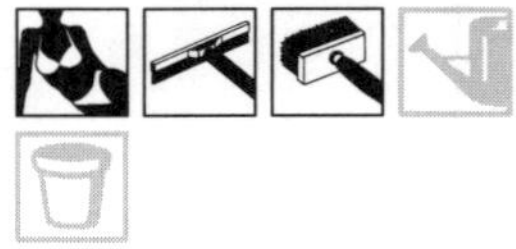

Waage
abnehmender Mond

Gesund bleiben, gesund werden. Ganz allmählich wandern wir wieder in die Zeit, die der Körper nutzt, um zu speichern und anzusetzen – Fett, aber auch Gifte, die in unseren Lebensmitteln enthalten sind. Heutzutage ist dieser Rhythmus nicht mehr stark ausgeprägt, aber den Ausdruck »Winterspeck« haben wir nicht nur den Ausschweifungen der Weihnachtszeit zu verdanken. Nutze daher den heutigen Tag vor Neumond, um etwas vernünftiger zu essen. Der Körper entgiftet besonders gut, und die Mühe, überflüssige Pfunde im Frühling wieder loszuwerden, hält sich in Grenzen.

Dienstag

25

OKTOBER

Der Mond – dein guter Freund in Haushalt und Alltag. Das schwindende Tageslicht gemeinsam mit dem kleinen »Schock« des Wechsels zur Normalzeit am nächsten Sonntag laden dazu ein, ein wenig mehr Zeit mit den Kindern zu verbringen. Vielleicht ist es kein Zufall, denn die Tage bis zum Vollmond am 8. November sind eine ideale Zeit zum Sammeln von Bastelmaterial für Allerheiligen- und Adventsgestecke! Der Schmuck bleibt lange haltbar und schön anzuschauen. Das ist besonders für Gestecke aus Naturmaterial wichtig, weil so mancher Advents-Weihnachtsschmuck vorzeitig wieder aus dem Wohnzimmer verschwinden muss, wenn alles ständig bröselt.

11.48

Waage
Neumond

Element:
Luft
Tagesqualität:
Licht
Nahrungsqualität:
Fett
Pflanzenteil:
Blüte
Körperzone:
Hüfte, Nieren, Blase
Organsystem:
Drüsensystem

Element:
Wasser
Tagesqualität:
Feuchte
Nahrungsqualität:
Kohlenhydrate
Pflanzenteil:
Blatt
Körperzone:
Geschlechtsorgane
Organsystem:
Nervensystem

Mittwoch
26
OKTOBER
Österreichischer Nationalfeiertag

Einfach zum Nachdenken

Gleich, an welchem Punkt eines Irrwegs
man umkehrt,
es ist immer ein Gewinn.

Türkisches Sprichwort

Skorpion
zunehmender Mond

Gesund bleiben, gesund werden. Ein spezieller Mond-Tipp zu einem heiklen Thema, nämlich weibliche Intimpflege: Regelmäßigkeit und die Verwendung ausschließlich natürlicher Pflegemittel sollten selbstverständlich sein. Denk nicht einmal daran, »Intimsprays« zu benutzen. Sie sind eine törichte Erfindung der Symptombekämpfungs-Unkultur. Für die empfindliche Schleimhaut sind sie in allen Fällen eine große Belastung, besonders aber bei zunehmendem Mond und speziell an den Skorpiontagen wie heute. Wie so oft machen sich die Probleme, die sich ergeben, manchmal erst nach Jahren bemerkbar.

Donnerstag
27
OKTOBER

Element:
Wasser
Tagesqualität:
Feuchte
Nahrungsqualität:
Kohlenhydrate
Pflanzenteil:
Blatt
Körperzone:
Geschlechtsorgane
Organsystem:
Nervensystem

Skorpion
zunehmender Mond

Freitag

28

OKTOBER

Element:
Feuer
Tagesqualität:
Wärme
Nahrungsqualität:
Eiweiß, Frucht
Pflanzenteil:
Frucht
Körperzone:
Oberschenkel, Venen
Organsystem:
Sinnesorgane

♐ ☽

Schütze
zunehmender Mond

Moon Power für Garten, Feld und Wald. Der Herbst ist die richtige Zeit, um Bäume zu verpflanzen. Schütze im zunehmenden Mond ist dabei besonders günstig für das Umsetzen freistehender Bäume, die »hoch hinaus« dürfen: Fichten, Tannen, Lärchen usw. Sie schießen rasch in die Höhe, wenn nächstes Jahr die Vegetationsperiode beginnt. Bei älteren Bäumen und Pflanzen solltest du allerdings auf Jungfrau warten, weil dann das Anwurzeln stark gefördert wird. Warte mit dem Kürzen nach dem Umpflanzen noch bis zum abnehmenden Mond am 9. November, weil sonst die Pflanze zu viel Kraft verliert.

Samstag

29

OKTOBER

Gesund bleiben, gesund werden. Wandersleute aufgepasst: Heute beanspruchen Bergtouren die Oberschenkel und Venen besonders stark. Nimm dir keine zu langen und steilen Strecken vor, sonst erinnerst du dich möglicherweise länger an diesen Ausflug, als dir lieb ist. Schütze bringt oftmals schöne, milde Tage, die man auch dann als angenehm temperiert empfindet, wenn der Himmel bewölkt ist. An solchen Tagen solltest du nicht überrascht sein, wenn du mehr Durst hast als sonst. Wärmetage wirken austrocknend, und die nötigen Wasserflaschen sollten immer im Gepäck sein.

♐ ☽

Schütze
zunehmender Mond

Element:
Feuer
Tagesqualität:
Wärme
Nahrungsqualität:
Eiweiß, Frucht
Pflanzenteil:
Frucht
Körperzone:
Oberschenkel, Venen
Organsystem:
Sinnesorgane

Element:
Erde
Tagesqualität:
Kälte
Nahrungsqualität:
Salz
Pflanzenteil:
Wurzel
Körperzone:
Knie, Knochen, Haut
Organsystem:
Kreislauf

Sonntag

30

OKTOBER

Einfach zum Nachdenken

Du bist so jung wie deine Zuversicht,
so alt wie deine Zweifel,
so jung wie dein Selbstvertrauen,
so alt wie deine Furcht,
so jung wie deine Hoffnungen,
so alt wie deine Verzagtheit.

Albert Schweitzer

Steinbock
zunehmender Mond

Montag

31

OKTOBER
Reformationstag

Einfach zum Nachdenken

Wer die Wahrheit nicht kennt,
ist nur ein Dummkopf.
Wer die Wahrheit kennt und
sie eine Lüge nennt,
ist ein Verbrecher.

Galileo Galilei

Element:
Erde
Tagesqualität:
Kälte
Nahrungsqualität:
Salz
Pflanzenteil:
Wurzel
Körperzone:
Knie, Knochen, Haut
Organsystem:
Kreislauf

Steinbock
zunehmender Mond

Dienstag

1

NOVEMBER

Allerheiligen

Element:
Luft
Tagesqualität:
Licht
Nahrungsqualität:
Fett
Pflanzenteil:
Blüte
Körperzone:
Unterschenkel, Venen
Organsystem:
Drüsensystem

Wassermann
zunehmender Mond

Einfach zum Nachdenken

Der Unterschied, ob ein Jäger Erfolg hat oder ob sein Ziel entkommt, liegt in der Vorhersagbarkeit von Verhalten, also in berechenbarer Routine. Ein Jäger beobachtet und merkt sich die Routinen seines Ziels so lange, bis er Erfolg hat. Ein Gejagter wird immer entkommen, wenn seine Bewegungen nicht vorhersagbar sind. Je mehr Routinen und Gewohnheiten ein Lebewesen hat, desto leichter wird es zum Opfer.

Ron Fischer

Mittwoch

2

NOVEMBER

Rezepte für die »Alpha-Omega-Formel«. Heute: Koriandergrün-Mandel-Pesto. Zutaten: 100 g Mandeln, geschält, gestiftelt, in einer kleinen Pfanne geröstet * ½ Tasse Olivenöl * 1–2 Knoblauchzehen, halbiert * 1 Chilischote, entkernt und grob gehackt * ¼ TL Salz * 2–3 Bund frisches Koriandergrün * 2 EL Rotweinessig. *(Lies morgen weiter)*

Wassermann
zunehmender Mond

Element:
Luft
Tagesqualität:
Licht
Nahrungsqualität:
Fett
Pflanzenteil:
Blüte
Körperzone:
Unterschenkel, Venen
Organsystem:
Drüsensystem

Element:
Wasser
Tagesqualität:
Feuchte
Nahrungsqualität:
Kohlenhydrate
Pflanzenteil:
Blatt
Körperzone:
Füße, Zehen
Organsystem:
Nervensystem

Donnerstag

3

NOVEMBER

Fische
zunehmender Mond

(Fortsetzung von gestern) Und so geht's: Olivenöl, Mandeln, Knoblauch, Chili und Salz im Mixer zu einer grobkörnigen Paste mixen. Koriandergrün in zwei Schritten addieren und mixen, bis alles gut vermischt ist. Jetzt alle Sinne einschalten, kurz probieren und, wenn nötig, mit Salz und Essig abschmecken. Dieses Pesto passt zu vielen Gerichten, aber besonders gut zu einer mexikanischen Rote-Linsen-Suppe (Rezept in unserem Buch *Die Alpha-Omega-Formel*).

Von der Heilkraft der Gewürze: Schabzigerklee. Schabzigerklee dient ausschließlich getrocknet zum Würzen. In Südtirol verwendet man ihn als Bestandteil des Brotklees als typisches Brotgewürz für Vinschgauer Fladenbrot, für Schüttelbrot und andere Roggenbrote. Weiterhin ist er besonders geeignet für pikante Brötchen, Waffeln sowie für andere pikante Gebäcke, er würzt Salate, Dips und Brotaufstriche und wird verwendet für Aufläufe. Er ist in getrockneter Form aus Bioanbau im Lebensmittelhandel und in Reformhäusern erhältlich.

Freitag

4

NOVEMBER

Element:
Wasser
Tagesqualität:
Feuchte
Nahrungsqualität:
Kohlenhydrate
Pflanzenteil:
Blatt
Körperzone:
Füße, Zehen
Organsystem:
Nervensystem

Fische
zunehmender Mond

Samstag

5

NOVEMBER

Element:
Wasser
Tagesqualität:
Feuchte
Nahrungsqualität:
Kohlenhydrate
Pflanzenteil:
Blatt
Körperzone:
Füße, Zehen
Organsystem:
Nervensystem

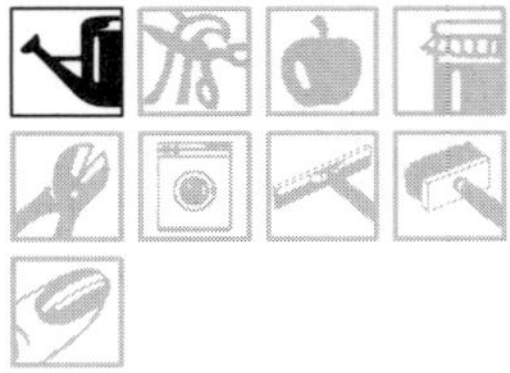

Fische
zunehmender Mond

Gesund bleiben, gesund werden. Wir wiederholen es gerne: Wer den einfachen Rat befolgt, seine Füße immer und überall gut temperiert zu halten, hat schon fast alles getan, um Erkältungen zu vermeiden. Es gibt ja eine Vielfalt von Einlagen für die Schuhe, die die Füße stets angenehm halten und nicht überhitzen. Auch eine nur kurzzeitige Abkühlung der Füße ist (besonders an Fischetagen) Ursache Nr. 1 für Erkältungen und nicht etwa Ansteckung. Kurz danach folgen schon unterkühlter Kopf, Brust, Hals und Nieren. Also bitte draußen immer angemessen »verpackt« sein!

Sonntag

6

NOVEMBER

Einfach zum Nachdenken

Wenn du herausfindest,
dass du zur Mehrheit gehörst,
spätestens dann ist es Zeit,
innezuhalten und gründlich nachzudenken.

Mark Twain

Element:
Feuer
Tagesqualität:
Wärme
Nahrungsqualität:
Eiweiß, Frucht
Pflanzenteil:
Frucht
Körperzone:
Kopfbereich bis Oberkiefer
Organsystem:
Sinnesorgane

Widder
zunehmender Mond

Element:
Feuer
Tagesqualität:
Wärme
Nahrungsqualität:
Eiweiß, Frucht
Pflanzenteil:
Frucht
Körperzone:
Kopfbereich bis Oberkiefer
Organsystem:
Sinnesorgane

Montag

7

NOVEMBER

Gesund bleiben, gesund werden. Widdertage bringen immer eine Einladung, den Augen etwas Gutes zu tun. Gelegenheit, mit den Augen zu rollen, gibt es ja nach den Morgennachrichten genug, aber heute wäre das nicht nur eine verständliche Reaktion, sondern obendrein gesund! Beginne langsam im Uhrzeigersinn, wobei du dich bemühst, wirklich den letzten Winkel zu erfassen, der deinem Auge möglich ist. Sieben Mal im Uhrzeigersinn, sieben Mal gegen den Uhrzeigersinn. Solche Augengymnastik und Sehübungen helfen an Widdertagen sogar dann sehr gut, wenn man schon eine Brille trägt.

Widder
zunehmender Mond

Gesund bleiben, gesund werden. Stiertage sollte man nicht versäumen, um den vom Handy Anstarren gestressten Halsmuskeln etwas Gutes zu tun! Lasse im Stehen oder Sitzen die Schultern entspannt hängen, hebe die rechte Hand und drücke sie sanft gegen die rechte Kopfseite. Dein Kopf lässt sich das aber nicht gefallen und drückt dagegen. Mache das auch mit der linken Hand auf der linken Kopfseite – jeweils sieben Sekunden lang. Das ganze dreimal auf jeder Seite. Nur sanften Druck ausüben und während der gesamten Übung die Halswirbelsäule und den Kopf gerade halten!

Dienstag

8

NOVEMBER

Element:
Erde
Tagesqualität:
Kälte
Nahrungsqualität:
Salz
Pflanzenteil:
Wurzel
Körperzone:
Unterkiefer, Halsregion
Organsystem:
Kreislauf

12.01

Stier
Vollmond

Mittwoch

9

NOVEMBER

Element:
Erde
Tagesqualität:
Kälte
Nahrungsqualität:
Salz
Pflanzenteil:
Wurzel
Körperzone:
Unterkiefer, Halsregion
Organsystem:
Kreislauf

Stier
abnehmender Mond

Der besondere Tipp. Es ist kein Wunder, dass immer wieder die Frage nach dem richtigen Zeitpunkt für das Übersiedeln von Tieren auftaucht, denn früher achtete man genau auf die Regeln. Die dafür günstigen Wochentage sind Montag, Mittwoch und Samstag. Früher war es selbstverständlich, Viehmärkte nur mittwochs abzuhalten. Wenn du dienstags und donnerstags Tiere von einem Ort zum anderen bringst, gewöhnen sie sich schwerer an neue Umgebungen. Diese Regeln gelten auch für den Weg eines Haustiers von der Tierhandlung nach Hause oder wenn ein Jungtier von der Mutter getrennt wird.

Donnerstag

10

NOVEMBER

Moon Power für Garten, Feld und Wald. Auch jetzt noch gibt es für viele Gartenliebhaber einiges zu tun, bevor man den Garten in die wohlverdiente Winterruhe schickt. Wenn du beispielsweise gerne im Herbst Blumenzwiebeln setzt, um das Aufgehen im Frühling zu genießen, dann solltest du es heute und morgen tun, wenn es die Witterung zulässt. Blütentage beeinflussen deren Entwicklung positiv, und der abnehmende Mond hilft mit, dass sie bei wärmeren Herbsttagen nicht zu früh austreiben und dann im Winter erfrieren. Die Blumen kommen im Frühling schneller hervor und füllen deinen Garten und dein Leben mit Farbe.

Zwillinge
abnehmender Mond

Element:
Luft
Tagesqualität:
Licht
Nahrungsqualität:
Fett
Pflanzenteil:
Blüte
Körperzone:
Schultern, Arme, Hände
Organsystem:
Drüsensystem

Element:
Luft
Tagesqualität:
Licht
Nahrungsqualität:
Fett
Pflanzenteil:
Blüte
Körperzone:
Schultern, Arme, Hände
Organsystem:
Drüsensystem

Freitag 11 NOVEMBER

Zwillinge
abnehmender Mond

Gesund bleiben, gesund werden. Zur Erinnerung: Auch die einzelnen Tage der Woche üben sich wiederholende Einflüsse aus, die man seit alters her kennt und die vom Mondstand und anderen Naturrhythmen völlig unabhängig sind. Für den Freitag gilt: Guter Tag für die Einnahme von homöopathischen Globuli. Verzichte dabei jedoch auf Kamillen- und Pfefferminztee, weil sie die Wirkung bremsen. Ungünstig ist an Freitagen (und Sonntagen) das Kräutersammeln. Die Heilwirkung von Kräutern ist dann weniger ausgeprägt als an anderen Tagen. Freitags kein Fleisch zu essen ist sehr gesund.

Samstag 12 NOVEMBER

Gesund bleiben, gesund werden. Nicht nur den Lauf des Mondes und seine Einflüsse beleuchten wir in unseren Büchern, sondern auch zum Beispiel die »Organuhr«, die Ruhe- und Leistungsphasen der Organe. Der Magen etwa arbeitet von sieben bis neun Uhr morgens auf Hochtouren und ist bereit für Energienachschub. Womit beginnt bei dir der Tag? Mit einem ausgewogenen Müslifrühstück, mit Vollwertkost, mit Kräutertee? Das ist letztlich aber nicht allein wichtig. Die Frage, ob du den Morgen so gestaltest, dass er dich mit Schwung und Optimismus in den Tag entlässt, sollte im Vordergrund stehen. Und darüber entscheidet nicht nur die Zusammensetzung deines Frühstücks!

Element:
Luft
Tagesqualität:
Licht
Nahrungsqualität:
Fett
Pflanzenteil:
Blüte
Körperzone:
Schultern, Arme, Hände
Organsystem:
Drüsensystem

Zwillinge
abnehmender Mond

Sonntag

13

NOVEMBER

Element:
Wasser
Tagesqualität:
Feuchte
Nahrungsqualität:
Kohlenhydrate
Pflanzenteil:
Blatt
Körperzone:
Brustbereich, Lunge
Organsystem:
Nervensystem

Krebs
abnehmender Mond

Einfach zum Nachdenken

Die Natur ist die Sprache der Liebe,
die Liebe spricht zur Kindheit durch die Natur.

Bettina von Arnim

Montag

14

NOVEMBER

Gesund bleiben, gesund werden. Krebstage beeinflussen unser Nervenkostüm, deshalb wieder ein Spezial-Ernährungstipp in dieser Richtung. Erbsen sind stark beteiligt an Muskelaufbau, Zellstoffwechsel und an geistiger Frische. Sie kräftigen das Bindegewebe, sorgen für schöne Haare, und das alles ganz rezeptfrei. Wenn du deinen Fleischkonsum verringern willst, erstens unser Glückwunsch! Und zweitens der Rat, Erbsen verstärkt in deine Rezeptsammlung aufzunehmen, weil sie ein wunderbarer Eiweißlieferant sind. Übrigens: Aus pürierten Erbsen als Grundstoff lassen sich köstliche Brotaufstriche zaubern.

Krebs
abnehmender Mond

Element:
Wasser
Tagesqualität:
Feuchte
Nahrungsqualität:
Kohlenhydrate
Pflanzenteil:
Blatt
Körperzone:
Brustbereich, Lunge
Organsystem:
Nervensystem

Element:
Feuer
Tagesqualität:
Wärme
Nahrungsqualität:
Eiweiß, Frucht
Pflanzenteil:
Frucht
Körperzone:
Herzregion, Kreislauf
Organsystem:
Sinnesorgane

Dienstag 15 NOVEMBER

Moon Power für Garten, Feld und Wald. Fast überall muss man ans Verstauen und Einwintern der Gartengeräte, Gartenmöbel und Auflagenpolster gehen. Du hast das noch nicht getan, etwa weil alles regensicher unter einem Verandadach ruht? Genau für dich haben wir die Info, dass heute bis Donnerstag (Löwe bei abnehmendem Mond) ein idealer Zeitpunkt dafür wäre. Also ans Werk und verstaue, was geht! Viele Menschen haben schon die Erfahrung gemacht, dass Stoffpolster im Frühjahr beim Hervorholen modrig riechen oder gar Schimmel aufweisen. Mit dem richtigen Zeitpunkt kannst du das zuverlässig verhindern!

Löwe
abnehmender Mond

Mittwoch 16 NOVEMBER

Buß- und Bettag

Einfach zum Nachdenken

Das Zölibat ist weiter nichts,
als ein privilegierter Menschenmord.
Wer gab den Menschen das Recht,
die Natur und die herrlichsten Geschenke
des Schöpfers zu unterdrücken?

Marianne Ehrmann

Element:
Feuer
Tagesqualität:
Wärme
Nahrungsqualität:
Eiweiß, Frucht
Pflanzenteil:
Frucht
Körperzone:
Herzregion, Kreislauf
Organsystem:
Sinnesorgane

Löwe
abnehmender Mond

Donnerstag

17

NOVEMBER

Element:
Feuer
Tagesqualität:
Wärme
Nahrungsqualität:
Eiweiß, Frucht
Pflanzenteil:
Frucht
Körperzone:
Herzregion, Kreislauf
Organsystem:
Sinnesorgane

Löwe
abnehmender Mond

Farbe ins Leben! Ein guter Tag zur Arbeit mit Farben: Willst du diese besondere Energie fürs Meditieren nutzen, dann arbeite heute mit der Farbe Grün, der Meditationsfarbe des Tierkreiszeichens Löwe. Stelle dir einfach die Herzregion in grünes Licht gehüllt vor. Das wirkt stets kräftigend, harmonisierend und heilend, aber noch direkter, wenn du zeitgleich mit dem Mondkalender meditierst, also diese Meditation direkt an Löwetagen machst. Ab morgen im Tierkreiszeichen Jungfrau wären die Verdauungsorgane dran, die mit der Farbe Gelb positiv beeinflusst werden können.

Freitag

18

NOVEMBER

Moon Power für Garten, Feld und Wald. Heute und morgen bringt Jungfrau die vielleicht letzten günstigen Tage im Jahr fürs Pflanzen von Bäumen und Sträuchern jeder Art. Also frisch auf zu deinem Lieblingsgärtner! Ein Tipp: Wir haben oft erlebt, dass Pflanzen, denen man Pferdemist beim Einsetzen beigibt, trotz gutem Zeitpunkt nach ein oder zwei Jahren verdorren. Kaum eine Pflanze verträgt Pferdemist, weil er sehr »heiß« ist. Er ist am besten weit unterhalb eines Früh- oder Hügelbeets aufgehoben, wo seine Wärme sinnvoll wirken kann. Besser wäre beim Neupflanzen: Richtigen Zeitpunkt wählen, gut angießen, fertig!

Jungfrau
abnehmender Mond

Element:
Erde
Tagesqualität:
Kälte
Nahrungsqualität:
Salz
Pflanzenteil:
Wurzel
Körperzone:
Verdauungsorgane
Organsystem:
Kreislauf

Samstag 19 NOVEMBER

Element:
Erde
Tagesqualität:
Kälte
Nahrungsqualität:
Salz
Pflanzenteil:
Wurzel
Körperzone:
Verdauungsorgane
Organsystem:
Kreislauf

Von der Heilkraft der Gewürze: Schnittlauch. Schnittlauch ist seit dem frühen Mittelalter in Kultur. Gelegentlich wird Schnittlauch auch als Zierpflanze in Gärten, beispielsweise in Steingärten, sowie zur Dachbegrünung verwendet. Die beste gesundheitsfördernde Wirkung entfaltet Schnittlauch, wenn er roh verzehrt wird. Hitze, die beim Kochen entsteht, zerstört das enthaltene Vitamin C, auch die ätherischen Öle verflüchtigen sich. Vor allem die Senföle im Schnittlauch haben einen positiven Effekt auf die Verdauung – lösen Blähungen und regen den Appetit an, sind antibakteriell, schleimlösend bei Husten, wirken gegen hohen Blutdruck.

Jungfrau
abnehmender Mond

Sonntag 20 NOVEMBER

Einfach zum Nachdenken

Ein Junge wollte mit seinem Papa spielen. Weil der keine Zeit hatte, schnitt er aus einer Zeitung eine detailreiche Abbildung der Erde aus und teilte sie in viele Schnipsel. Die gab er seinem Sohn und meinte, dass er jetzt eine ganze Zeit beschäftigt sein würde. Aber schon nach wenigen Minuten zeigte der Junge dem Vater das fertige Puzzle. Der Vater konnte es kaum glauben und fragte seinen Sohn, wie er das geschafft habe. »Auf der Rückseite war ein Mensch abgebildet. Den habe ich ganz schnell zusammengesetzt. Und als der Mensch in Ordnung war, war es die Welt auch.«

Element:
Luft
Tagesqualität:
Licht
Nahrungsqualität:
Fett
Pflanzenteil:
Blüte
Körperzone:
Hüfte, Nieren, Blase
Organsystem:
Drüsensystem

Waage
abnehmender Mond

Montag

21

NOVEMBER

Element:
Luft
Tagesqualität:
Licht
Nahrungsqualität:
Fett
Pflanzenteil:
Blüte
Körperzone:
Hüfte, Nieren, Blase
Organsystem:
Drüsensystem

Waage
abnehmender Mond

Gesund bleiben, gesund werden. In der beginnenden kalten Jahreszeit ist es sehr sinnvoll, gegen Nieren- und Blasenleiden vorzubeugen. Trinke harntreibenden Brennnesseltee oder Blasentee aus der Apotheke, am besten zwischen 15 und 19 Uhr, wenn Niere und Blase am aktivsten sind. Waage im abnehmendem Mond ist als Lichttag auch besonders gut geeignet für Körperpflege und Hauttiefenreinigung. Wenn du einen Termin bei der Kosmetikerin hast, dann sollte sie sich heute besonders auf die Beseitigung von Unreinheiten konzentrieren. Speziell in der Gesichtsregion ist man bei Waage im abnehmenden Mond weniger empfindlich als sonst.

Dienstag

22

NOVEMBER

Der Mond – dein guter Freund in Haushalt und Alltag. In früheren Zeiten fehlte im Haushalt nur selten ein besonderes Sitzkissen, das für allerlei Leiden verwendet worden ist. Gefüllt war es mit den verschiedensten Kräutern oder mit Getreideschrot. Dinkel funktioniert gut, auch Schafwolle, Zirbenspäne und Hirse. Probiere es einmal aus, ein solches Kissen selbst herzustellen. Am heutigen Tag gefüllt, würde es seine Wirkung nicht verfehlen. Wenn dir die Weihnachtsvorbereitungen keine Zeit lassen, dann erinnere dich für später einfach an die Regel: Einfüllen und Vernähen bei abnehmendem Mond an Skorpion.

Skorpion
abnehmender Mond

Element:
Wasser
Tagesqualität:
Feuchte
Nahrungsqualität:
Kohlenhydrate
Pflanzenteil:
Blatt
Körperzone:
Geschlechtsorgane
Organsystem:
Nervensystem

Mittwoch

23

NOVEMBER

Element:
Wasser
Tagesqualität:
Feuchte
Nahrungsqualität:
Kohlenhydrate
Pflanzenteil:
Blatt
Körperzone:
Geschlechtsorgane
Organsystem:
Nervensystem

Gesund bleiben, gesund werden. Viele chronische Schmerzzustände können in jedem Alter auf natürliche Weise gestoppt werden. Dazu ist erstens die Bereitschaft nötig, einige Minuten täglich eine leichte Gymnastik zu machen (ideal ist die zeitsparende Mondgymnastik), zweitens die Bereitschaft, sich nach einer persönlich angepassten, gesunden Ernährungsweise zu richten, und drittens die richtige Einstellung. Du musst nämlich etwas Geduld mitbringen. Der Marathonläufer Fauja Singh war 89 Jahre alt, als er mit dem Laufen begann, und seinen letzten Marathon lief er mit 101. Es ist für viele Dinge niemals zu spät.

23.56

Skorpion
Neumond

Donnerstag

24

NOVEMBER

Von der Heilkraft der Gewürze: Zimt. Zimt ist ein Teil der dünnen Bastschicht des Zimtbaums, die sich röhrenartig zum Stangenzimt zusammenrollt, sobald sie vom Holz getrennt wird. Je dünner die Rinde, desto feiner das Aroma. Für den europäischen Markt wird Zimt fast immer gemahlen. Er ist in Mitteleuropa vor allem in Verbindung mit Zucker für Süßspeisen, Gebäck und Glühwein gebräuchlich, seltener für herzhafte oder scharfe Speisen (es würde sich aber lohnen!). Von der Antike bis heute gilt Zimtrinde als heilsam, unter anderem bei Husten und Schnupfen, als magenstärkend sowie harntreibend, abführend, menstruationsfördernd, aber auch blutstillend, zum Beispiel bei Hämorrhoiden.

Element:
Feuer
Tagesqualität:
Wärme
Nahrungsqualität:
Eiweiß, Frucht
Pflanzenteil:
Frucht
Körperzone:
Oberschenkel, Venen
Organsystem:
Sinnesorgane

Schütze
zunehmender Mond

Freitag

25

NOVEMBER

Element:
Feuer
Tagesqualität:
Wärme
Nahrungsqualität:
Eiweiß, Frucht
Pflanzenteil:
Frucht
Körperzone:
Oberschenkel, Venen
Organsystem:
Sinnesorgane

Schütze
zunehmender Mond

Gesund bleiben, gesund werden. Gut vorbereitet ist halb gewonnen: Morgen und übermorgen sind die Knie vom Mond »bestrahlt«, vorbeugendes Schonen ist eine gute Idee. Viele Menschen hören mit geliebten Sportarten auf, weil das Training manchmal zu viel wird. Würde man an manchen Tagen auf die Ausübung verzichten, dann hätte man bis ins hohe Alter Freude daran! Also storniere die geplanten Tennis- oder Squashstunden, wenn du manchmal Knieprobleme hast. Wer bergwandert, sollte für den Abstieg einen Gehstock nehmen und das Gewicht etwas abfedern – eine knieschonende Maßnahme!

Samstag

26

NOVEMBER

Schön sein, schön bleiben. Steinbock, November und zunehmender Mond: Da lässt sich nicht viel sagen, was den richtigen Zeitpunkt und die Mondrhythmen betrifft. Steinbock ist zwar ein guter Tag für die Nagelpflege, Samstag aber dafür ein schlechter. Wir haben deshalb immer, wenn Steinbock auf einen Samstag fällt, das Symbol für »Nagelpflege ungünstig« weggelassen. Wir möchten dir das Sammeln von Erfahrung mit diesem kleinen Widerspruch überlassen. Der Mondkalender soll dir ja nur Mut zur persönlichen Erfahrung machen und nicht als Diktator in deinen Alltag eingreifen.

Element:
Erde
Tagesqualität:
Kälte
Nahrungsqualität:
Salz
Pflanzenteil:
Wurzel
Körperzone:
Knie, Knochen, Haut
Organsystem:
Kreislauf

Steinbock
zunehmender Mond

Element:
Erde
Tagesqualität:
Kälte
Nahrungsqualität:
Salz
Pflanzenteil:
Wurzel
Körperzone:
Knie, Knochen, Haut
Organsystem:
Kreislauf

Sonntag

27

NOVEMBER

1. Advent

Einfach zum Nachdenken

Oft tut auch der Unrecht, der nichts tut.
Wer das Unrecht nicht verbietet, wenn er kann,
der befiehlt es.

Marcus Aurelius

Steinbock
zunehmender Mond

Gesund bleiben, gesund werden. Heute, morgen und übermorgen: die ungünstigste Zeit im Jahr für Krampfader-Operationen an den Unterschenkeln! Werden Krampfadern bei zunehmendem Mond an Wassermann operiert, kann es vorkommen, dass sie bald zurückkehren. Leider fließt diese Erfahrung nur langsam auch in den Alltag ein. Das hat verschiedene Gründe, aber Vorurteile zementieren fällt eben oft leichter, als Neues zu lernen. Alle Ärzte und Heiler, die mit uns zusammenarbeiten, können jedoch große Erfolge vorweisen, und die Hoffnung ist berechtigt, dass das Wissen unserer Vorfahren wieder den Platz bekommt, den es verdient.

Montag

28

NOVEMBER

Element:
Luft
Tagesqualität:
Licht
Nahrungsqualität:
Fett
Pflanzenteil:
Blüte
Körperzone:
Unterschenkel, Venen
Organsystem:
Drüsensystem

Wassermann
zunehmender Mond

Dienstag

29

NOVEMBER

Element:
Luft
Tagesqualität:
Licht
Nahrungsqualität:
Fett
Pflanzenteil:
Blüte
Körperzone:
Unterschenkel, Venen
Organsystem:
Drüsensystem

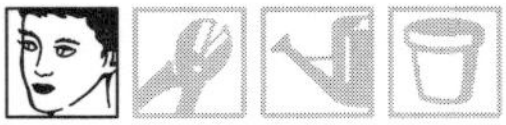

Wassermann
zunehmender Mond

Anekdoten – gut gewürzt. Eines Abends ging Richard Wagner im italienischen Sorrent spazieren. Einer der Drehorgelspieler spielte umgehend ein Stück aus »Lohengrin«. Er begann die Orgel so schnell zu drehen, dass das Stück kaum noch zu erkennen war. Zornig stürmte Wagner auf ihn zu, packte selbst die Drehorgel und drehte sie so langsam und bedächtig, dass das Lied im richtigen Tempo erklang. Dann gab er dem Spieler ein Trinkgeld mit der Weisung, immer in diesem Tempo zu spielen. Am nächsten Morgen war an der Drehorgel ein Schild befestigt, auf dem zu lesen war: »Schüler von Richard Wagner«.

Mittwoch

30

NOVEMBER

Rezepte für die »Alpha-Omega-Formel«. Heute: Marzipan-Datteln. Zutaten: Große, weiche getrocknete Datteln (Medjoul) * Rohmarzipan * Schokolade. Und so geht's: Die Datteln der Länge nach aufschneiden und den Kern entfernen. Etwas Marzipan kneten, bis er geschmeidig ist, und zu kleinen, bauchigen Röllchen formen, die in die Aushöhlung der Datteln passen. Die Datteln leicht zusammendrücken und kurz ins Gefrierfach legen. *(Lies morgen weiter)*

Wassermann
zunehmender Mond

Element:
Luft
Tagesqualität:
Licht
Nahrungsqualität:
Fett
Pflanzenteil:
Blüte
Körperzone:
Unterschenkel, Venen
Organsystem:
Drüsensystem

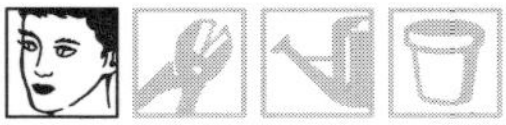

Element:
Wasser
Tagesqualität:
Feuchte
Nahrungsqualität:
Kohlenhydrate
Pflanzenteil:
Blatt
Körperzone:
Füße, Zehen
Organsystem:
Nervensystem

Donnerstag

1

DEZEMBER

Fische
zunehmender Mond

(Fortsetzung von gestern) Zum Schluss die Datteln einzeln in die geschmolzene Schokolade tauchen und auf Pergamentpapier trocknen lassen. Die Schokolade schmelzen wir im Wasserbad in einem halbkugelförmigen Topf. Viele Variationen sind denkbar: verzieren, Pistazienmarzipan verwenden, nur die Spitzen in Schokolade eintauchen, in kleinen Pralinenformen anbieten etc.

Freitag

2

DEZEMBER

Von der Heilkraft der Gewürze: Sternanis. Echter Sternanis schmeckt anhaltend süß und lakritzartig, aber auch ein wenig pfeffrig und säuerlich. Pflanzen mit sehr ähnlichem Aroma sind Anis, Fenchel und die heutzutage selten verwendete Süßdolde. Interessant ist, dass er zwar so heißt, aber mit dem Anis nicht verwandt ist. Da die Hülle aromatischer ist als die Kerne, wird der Sternanis samt Hülle verwendet oder gemahlen. In geschlossenen Behältern aufbewahrt, beträgt die Haltbarkeit etwa drei Jahre. Sternanis hat wie Anis schleimlösende und leicht krampflösende Eigenschaften und wird bei Katarrhen der Atemwege sowie bei Verdauungsbeschwerden in Teemischungen eingesetzt.

Element:
Wasser
Tagesqualität:
Feuchte
Nahrungsqualität:
Kohlenhydrate
Pflanzenteil:
Blatt
Körperzone:
Füße, Zehen
Organsystem:
Nervensystem

Fische
zunehmender Mond

Samstag

3

DEZEMBER

Element:
Feuer
Tagesqualität:
Wärme
Nahrungsqualität:
Eiweiß, Frucht
Pflanzenteil:
Frucht
Körperzone:
Kopfbereich bis Oberkiefer
Organsystem:
Sinnesorgane

Widder
zunehmender Mond

Der besondere Tipp. Der morgendliche Start in den Tag sollte immer mit guten Gedanken beginnen und möglichst mit ein wenig Bewegung, Gymnastik etc. Denn wenig belastet die Verdauung stärker als ein Morgenmuffelverhalten. Du solltest nicht alles so schwer nehmen. »Jeder hat sein Päckchen zu tragen!«, sagen viele. Stimmt, aber wir haben immer die Wahl, ob wir unsere seelischen Schultern mit allzu schweren Päckchen überlasten oder nicht. Ein alter Trick zur Unterstützung: Halte erst den Daumen der einen, dann der anderen Hand fest. Das entspannt die Magennerven und lindert die Sorgen.

Sonntag

4

DEZEMBER
Barbaratag
2. Advent

Einfach zum Nachdenken

Wenn wir nur das, was wir beeinflussen
und ändern können,
als gut oder schlecht bewerten,
dann gibt es keinen Grund mehr,
Gott zu beschuldigen
oder eine feindliche Stellung
gegenüber den Menschen einzunehmen.

Marcus Aurelius

Widder
zunehmender Mond

Element:
Feuer
Tagesqualität:
Wärme
Nahrungsqualität:
Eiweiß, Frucht
Pflanzenteil:
Frucht
Körperzone:
Kopfbereich bis Oberkiefer
Organsystem:
Sinnesorgane

Element:
Erde
Tagesqualität:
Kälte
Nahrungsqualität:
Salz
Pflanzenteil:
Wurzel
Körperzone:
Unterkiefer, Halsregion
Organsystem:
Kreislauf

Montag

5

DEZEMBER

Stier
zunehmender Mond

Der Mond – dein guter Freund in Haushalt und Alltag. Du kennst ja inzwischen die Mondregel zum Thema »Zimmerpflanzen gießen« (nur an Wassertagen!). Wenn allerdings deine Zimmerpflanzen in der Heizungsluft der kalten Jahreszeit zu schnell austrocknen, um sie nur an Krebs, Skorpion und Fische zu gießen, dann gieße ruhig einmal zusätzlich an Stier. Das gilt für alle Wurzeltage (Stier, Jungfrau und Steinbock), die genau zwischen den Wassertagen liegen. Im Idealfall gieße auch jetzt nur mit abgestandenem Wasser, weil die Pflanzen das besser vertragen. Gewöhne aber nicht alle Zimmerpflanzen an diese zusätzlichen Gießtage.

Dienstag

6

DEZEMBER

Der besondere Tipp. Fingerarbeit zur richtigen Tageszeit! Wenn du die Zeit zwischen 7 und 9 Uhr morgens verschläfst, wachst du in der Regel viel »zerknitterter« auf, als wenn du um 7 Uhr aufstehst – unabhängig von der Schlafdauer! Du tust den oberen Hautschichten Gutes, wenn du den Morgen wach und fröhlich begrüßt. Den »Daumen zu halten«, die Fingerarbeit am Daumen, hilft, wach zu werden, die Sorgen über Bord zu werfen und die Wangen zu glätten.

Element:
Erde
Tagesqualität:
Kälte
Nahrungsqualität:
Salz
Pflanzenteil:
Wurzel
Körperzone:
Unterkiefer, Halsregion
Organsystem:
Kreislauf

Stier
zunehmender Mond

Mittwoch

7

DEZEMBER

Element:
Luft
Tagesqualität:
Licht
Nahrungsqualität:
Fett
Pflanzenteil:
Blüte
Körperzone:
Schultern, Arme, Hände
Organsystem:
Drüsensystem

Zwillinge
zunehmender Mond

Gesund bleiben, gesund werden. Schulterprobleme sind nicht selten seelisch bedingt. »Ich habe mir zu viel aufgeladen« – wer diesen Satz öfter im Kopf hat, sollte sich nicht wundern, wenn die Schultern manchmal schmerzen. Eine gute Übung für die Zwillingetage: Winkle im Stehen oder Sitzen die Arme an und balle die Hände leicht zu Fäusten. Lass nun die Schultern kreisen, siebenmal vorwärts und siebenmal rückwärts. Jeweils dreimal. Du kannst von dieser Übung entspannen, indem du deine Arme nach vorne ausstreckst und einen Katzenbuckel machst, die Oberarme an die Ohren angelegt.

Donnerstag

8

DEZEMBER

Mariä Empfängnis

Einfach zum Nachdenken

Man sieht die Blumen welken und
die Blätter fallen,
aber man sieht auch Früchte reifen
und neue Knospen keimen.
Das Leben gehört dem Lebendigen an,
und wer lebt, muss auf Wechsel gefasst sein.

Johann Wolfgang von Goethe

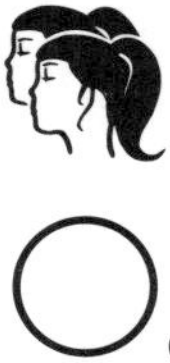

05.08

Zwillinge
Vollmond

Element:
Luft
Tagesqualität:
Licht
Nahrungsqualität:
Fett
Pflanzenteil:
Blüte
Körperzone:
Schultern, Arme, Hände
Organsystem:
Drüsensystem

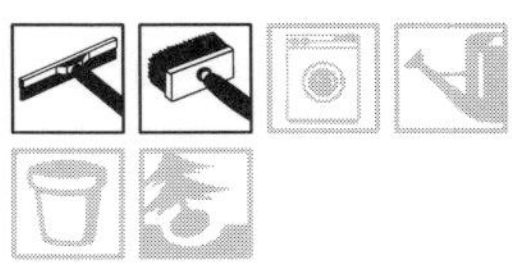

Element:
Luft
Tagesqualität:
Licht
Nahrungsqualität:
Fett
Pflanzenteil:
Blüte
Körperzone:
Schultern, Arme, Hände
Organsystem:
Drüsensystem

Freitag 9 DEZEMBER

Von der Heilkraft der Gewürze: Thymian. Verwendung finden Arten der Gattung Thymus als getrocknete oder frische Küchenkräuter, als Quelle von ätherischen Ölen und als Gartenpflanze, sowie als Arzneipflanze in der Volksmedizin, der Homöopathie und verstärkt auch in der klassischen Medizin. Im antiken Griechenland diente Thymian als Zusatz zu Räuchermitteln, mit denen man eine Anregung von Geist und Gemüt erzielte. Thymian ist ein sehr wichtiges Heilkraut und wird daher häufig mit Hustentee, Hustenlöser und Erkältungsbädern in Zusammenhang gebracht. Das Kraut wurde 2006 zur Heilpflanze des Jahres gekürt.

Zwillinge
abnehmender Mond

Samstag 10 DEZEMBER

Gesund bleiben, gesund werden. Die Energie der Krebstage bringt immer die Einladung, den Körper mit leichter Kost zu verwöhnen – in harmonischer Kombination. In der Natur harmonierende Pflanzen gehen auch auf unseren Tellern eine harmonische Kombination ein. Als Faustregel gilt: Unter- und oberirdisch wachsende Feldfrüchte sollten auch auf dem Teller ein gutes, ausgewogenes Verhältnis eingehen. Also beispielsweise Kartoffeln mit Spinat oder Karotten mit Kopfsalat. Deswegen sprechen gute Köche auch vom »Komponieren« von Gerichten. Deren »Musik« sollte der Körper gerne hören.

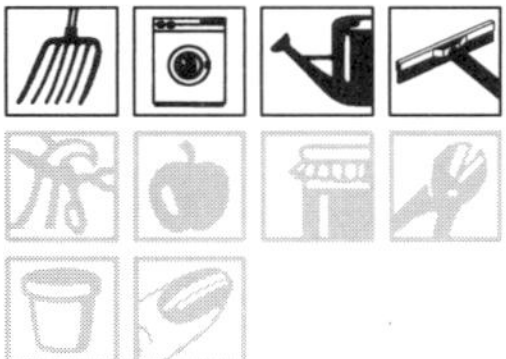

Element:
Wasser
Tagesqualität:
Feuchte
Nahrungsqualität:
Kohlenhydrate
Pflanzenteil:
Blatt
Körperzone:
Brustbereich, Lunge
Organsystem:
Nervensystem

Krebs
abnehmender Mond

Sonntag

11

DEZEMBER

3. Advent

Element:
Wasser
Tagesqualität:
Feuchte
Nahrungsqualität:
Kohlenhydrate
Pflanzenteil:
Blatt
Körperzone:
Brustbereich, Lunge
Organsystem:
Nervensystem

Krebs
abnehmender Mond

Einfach zum Nachdenken

Wer seinen Wohlstand vermehren möchte,
der sollte sich an den Bienen
ein Beispiel nehmen.
Sie sammeln den Honig,
ohne die Blumen zu zerstören.
Sie sind sogar nützlich für die Blumen.
Sammle deinen Reichtum,
ohne seine Quellen zu zerstören,
dann wird er beständig zunehmen.

Siddhartha Gautama Buddha

Montag

12

DEZEMBER

Schön sein, schön bleiben. Gehst du heute oder morgen Abend zu einer Weihnachtsfeier? Da würde natürlich ein schöner Haarschnitt die Vorfreude noch erhöhen. Solltest du keinen Termin bekommen, würde es genügen, nur die Spitzen zu schneiden. Feste, dichte Haare wären dein Lohn. Sollte allerdings eine Dauerwelle gewünscht sein, ist Jungfrau (ab Donnerstag) besser. An Löwe wellen sich die Haare manchmal zu stark. Ein Tipp, wenn du schnell zu einer Langhaarfrisur kommen willst: Immer an Jungfrau schneiden. Auch bei abnehmendem Mond geschnitten wächst das Haar schneller als an anderen Tagen.

Löwe
abnehmender Mond

Element:
Feuer
Tagesqualität:
Wärme
Nahrungsqualität:
Eiweiß, Frucht
Pflanzenteil:
Frucht
Körperzone:
Herzregion, Kreislauf
Organsystem:
Sinnesorgane

Element:
Feuer
Tagesqualität:
Wärme
Nahrungsqualität:
Eiweiß, Frucht
Pflanzenteil:
Frucht
Körperzone:
Herzregion, Kreislauf
Organsystem:
Sinnesorgane

Dienstag 13 DEZEMBER

Schön sein, schön bleiben. Ein Spezialtipp für Katzenfreunde: Normalerweise muss man Katzen nicht bürsten, weil sie das selbst am besten können. Wenn Katzen stark haaren, dann ist das oft ein Zeichen dafür, dass sie mit der jeweiligen Ernährung nicht so gut zurechtkommen. Vielleicht wäre dann eine Ernährungsumstellung die beste Idee. Und natürlich hat auch der Mond ein Wörtchen mitzureden: Wenn du besonders sorgfältig und genau bei abnehmendem Mond bürstest, hält die Pflege länger an als mit derselben Intensität bei zunehmendem Mond gearbeitet (gilt besonders für Indoor-Katzen).

Löwe
abnehmender Mond

Mittwoch 14 DEZEMBER

Der besondere Tipp. Während der Weihnachtstage herrscht eine besonders gute Energie! Lasse nicht zu, dass Stress, aus welcher Quelle auch immer, diese Zeit verdirbt. Für deine Umgebung ist eine ausgeglichene Stimmung sicherlich wohltuender als etwa eine perfekt geputzte Wohnung oder das hektische Letzte-Minute-Geschenk. Vergiss nicht, dass wir gar nicht so selten nicht das Wohl anderer im Auge haben, sondern nur selbst ein »gutes Bild« abgeben wollen. Folglich setzen wir uns selbst unter Stress – er entsteht nicht aus der Situation heraus. Du hast es selbst in der Hand.

Element:
Feuer
Tagesqualität:
Wärme
Nahrungsqualität:
Eiweiß, Frucht
Pflanzenteil:
Frucht
Körperzone:
Herzregion, Kreislauf
Organsystem:
Sinnesorgane

Löwe
abnehmender Mond

Donnerstag

15

DEZEMBER

Element:
Erde
Tagesqualität:
Kälte
Nahrungsqualität:
Salz
Pflanzenteil:
Wurzel
Körperzone:
Verdauungsorgane
Organsystem:
Kreislauf

Jungfrau
abnehmender Mond

Gesund bleiben, gesund werden. Am »Verdauungstag« Jungfrau eine kleine Gedächtnisstütze: Du tust deiner Gesundheit viel Gutes, wenn du ganz allmählich darauf hinsteuerst, am frühen Abend zum letzten Mal zu essen. Alles, was später gegessen wird, bedarf größerer Verdauungsenergie und stärkerer Stoffwechseltätigkeit, was dann später die Regeneration im Schlaf stört. Probiere diesen Rat einfach aus und iss eine Woche lang nach 18 Uhr nichts mehr, auch keine Salate! Gerade Jungfrau wäre als Startpunkt für einen solchen Versuch gut geeignet, also heute oder morgen.

Freitag

16

DEZEMBER

Von der Heilkraft der Gewürze: Wacholderbeeren. Im getrockneten Zustand wird die Wacholderbeere gerne bei der Zubereitung von Sauerkraut verwendet. Wacholder als Tee fördert die Verdauung, Harnausscheidung und wirkt gegen Sodbrennen. Er unterstützt die Rheuma- und Gicht-Therapie. Ein paar Beeren zu kauen vertreibt schlechten Atem, der vom Magen herrührt. Die reifen Beerenzapfen sowie das daraus gewonnene ätherische Wacholderöl steigern die Harnausscheidung und wirken entkrampfend auf die glatte Muskulatur, wie sie sich etwa in den Wänden des Magen-Darm-Traktes, der Harnwege und der Blutgefäße findet.

Jungfrau
abnehmender Mond

Element:
Erde
Tagesqualität:
Kälte
Nahrungsqualität:
Salz
Pflanzenteil:
Wurzel
Körperzone:
Verdauungsorgane
Organsystem:
Kreislauf

Element:
Luft
Tagesqualität:
Licht
Nahrungsqualität:
Fett
Pflanzenteil:
Blüte
Körperzone:
Hüfte, Nieren, Blase
Organsystem:
Drüsensystem

Samstag 17 DEZEMBER

Waage
abnehmender Mond

Gesund bleiben, gesund werden. Waagetage bei abnehmendem Mond sind immer ideale Tage zur Zellulitis-Vorbeugung mit Entschlackungsöl. Einfach Hüften und Oberschenkel sanft massieren – und nicht vergessen, dass die Orangenhaut von innen kommt, in erster Linie als Resultat übersäuerter Körperflüssigkeiten. Zur Erinnerung: Weißmehl, Zucker, Kaffee, tierisches Eiweiß und nichtbiologische Brühwürfel gehören zu den stärksten »Säuerungsmitteln« des Blutes.

Sonntag 18 DEZEMBER

4. Advent

Einfach zum Nachdenken

Mein Bruder bat die Vögel um Verzeihung.
Das scheint sinnlos, und doch hatte er recht;
denn alles ist wie ein Ozean,
alles fließt und grenzt aneinander;
rührst du an ein Ende der Welt,
so zuckt es am anderen.

Fjodor M. Dostojewski

Waage
abnehmender Mond

Element:
Luft
Tagesqualität:
Licht
Nahrungsqualität:
Fett
Pflanzenteil:
Blüte
Körperzone:
Hüfte, Nieren, Blase
Organsystem:
Drüsensystem

Montag

19

DEZEMBER

Element:
Luft
Tagesqualität:
Licht
Nahrungsqualität:
Fett
Pflanzenteil:
Blüte
Körperzone:
Hüfte, Nieren, Blase
Organsystem:
Drüsensystem

Waage
abnehmender Mond

Der Mond – dein guter Freund in Haushalt und Alltag. Backst du gerne Plätzchen und Kekse? An Lichttagen wie Zwillinge, Waage und Wassermann kannst du getrost damit beginnen, die Vorräte an Weihnachtsplätzchen anzulegen. Der Teig lässt sich gut verarbeiten, das Gebäck wird locker und bleibt lange frisch. Vielleicht geht es dir ja auch wie in vielen anderen Familien: So manches Ergebnis eines langen fröhlichen Backtages landet lange vor seiner Bestimmung im Magen. Und je mehr Freude du am Backen hast, desto wahrscheinlicher wird das geschehen.

Dienstag

20

DEZEMBER

Der Mond – dein guter Freund in Haushalt und Alltag. Um den weihnachtlichen Hausputz so angenehm und leichthändig wie möglich zu gestalten, solltest du die Kraft der Wassertage im abnehmenden Mond nutzen. Heute wird alles schneller sauber und trocknet dann leichter. Wenn dir ein größerer Hausputz vorschwebt – mit Gardinen waschen, Teppiche reinigen, Küche oder andere Räume neu weißeln usw. –, dann steht dir der abnehmende Mond bis Freitag zur Seite.

Skorpion
abnehmender Mond

Element:
Wasser
Tagesqualität:
Feuchte
Nahrungsqualität:
Kohlenhydrate
Pflanzenteil:
Blatt
Körperzone:
Geschlechtsorgane
Organsystem:
Nervensystem

Element:
Wasser
Tagesqualität:
Feuchte
Nahrungsqualität:
Kohlenhydrate
Pflanzenteil:
Blatt
Körperzone:
Geschlechtsorgane
Organsystem:
Nervensystem

Mittwoch 21 DEZEMBER

Gesund bleiben, gesund werden. Eine Übung für die Skorpiontage: Spanne so kräftig es geht die Gesäßmuskeln an. Einfach die Pobacken ganz fest zusammendrücken! Atme vorher ein, schließe während der Übung die Augen und zähle langsam bis sieben. Das trägt in gleicher Weise wie das Anspannen selbst zur Belebung und Durchwärmung dieser Region bei. Zudem wirkt diese Übung sehr anregend und kräftigend für Milz und Lymphsystem. Sie stärkt den Blasenmuskel und sorgt bei Frauen dafür, dass es nicht zu Gebärmuttersenkungen kommt. Schwangere sollten diese Übung nicht machen, dafür nach der Entbindung umso häufiger! Die Gebärmutter bildet sich optimal zurück.

Skorpion
abnehmender Mond

Donnerstag 22 DEZEMBER

Gesund bleiben, gesund werden. Der Neumond im Tierkreiszeichen Schütze bringt wieder die beste Zeit zur Zellulitis-Vorbeugung und Behandlung mit einem guten Entschlackungsöl. Einfach Hüften und Oberschenkel sanft massieren und dabei nicht vergessen, dass Orangenhaut meist von innen über die Ernährung kommt. Deshalb sieht man sie heute sogar schon bei sehr jungen Leistungssportlerinnen, deren »Kraftnahrung« langfristig alles andere als gesund ist. Mit ein Grund, warum Leistungssportler nach Ende der Karriere oft so »auseinandergehen«. Zu viel Eiweiß tierischer Herkunft hat auch auf Männer eine ungünstige Wirkung.

Element:
Feuer
Tagesqualität:
Wärme
Nahrungsqualität:
Eiweiß, Frucht
Pflanzenteil:
Frucht
Körperzone:
Oberschenkel, Venen
Organsystem:
Sinnesorgane

Schütze
abnehmender Mond

Freitag

23

DEZEMBER

Element:
Feuer
Tagesqualität:
Wärme
Nahrungsqualität:
Eiweiß, Frucht
Pflanzenteil:
Frucht
Körperzone:
Oberschenkel, Venen
Organsystem:
Sinnesorgane

11.16

Schütze
Neumond

Der besondere Tipp. Lasse in den Raunächten bis zum 6. Januar das Räuchern mit Weihrauch und natürlichen Kräutern wieder zu Ehren kommen. Eine gute Vorbereitung fürs neue Jahr! Das Alte wird »ausgeräuchert«, das Neue wird eingeladen, besonders heute an Neumond. Der edle Duft aus »Tausend und einer Nacht«, wie ihn ursprünglich nur arabische Könige genießen durften, entzieht uns sanft den Fängen eines hektischen Alltags und gibt uns – heute notwendiger denn je – innere Kraft und Gelassenheit und lädt ein zu feierlicher Stimmung. Ein kleines Abenteuer der Sinne und der Seele …

Samstag

24

DEZEMBER
Heiliger Abend

Einfach zum Nachdenken

Niemand wird mit einer bestimmten Religion im Blut geboren. Du erhältst sie von außen angeboten, andressiert, vorgelebt. Und zu jedem Zeitpunkt deines Lebens bist du es, der die Entscheidung hat, den Glauben anzunehmen, zu pflegen und als Licht in deiner Nacht gelten zu lassen. Es ist deine Entscheidung. Frage dich deshalb: »Ich habe also die freie Wahl. Warum wähle ich dann nicht aus dem bunten Angebot der Welt einen Glauben, der mich und meine Umgebung glücklich macht? Fröhlich? Lebendig? Der die Nacht erleuchtet?!« *(Lies morgen weiter)*

Steinbock
zunehmender Mond

Element:
Erde
Tagesqualität:
Kälte
Nahrungsqualität:
Salz
Pflanzenteil:
Wurzel
Körperzone:
Knie, Knochen, Haut
Organsystem:
Kreislauf

Sonntag 25 DEZEMBER

1. Weihnachtsfeiertag

Element:
Erde
Tagesqualität:
Kälte
Nahrungsqualität:
Salz
Pflanzenteil:
Wurzel
Körperzone:
Knie, Knochen, Haut
Organsystem:
Kreislauf

(Fortsetzung von gestern) »Einen Glauben, der mein Herz aufblühen lässt, bis das scheinbar Trennende zwischen den Menschen sich auflösen kann? Warum tue ich das nicht?« Denn es ist deine Entscheidung. Du folgst den Geboten eines Glaubens, und seien sie noch so elitär und menschenfeindlich? Es ist deine Entscheidung. Wenn jemand zufrieden ist mit seinem Glauben, ohne aber die klare Aufforderung zu empfinden, von diesem Glauben zum Wissen, zur Erleuchtung fortzuschreiten, dann hat er keinen echten Glauben, sondern ist Konsument eines Dauer-Schlafmittels. Aufwachen ist möglich!

Ron Fischer

Steinbock
zunehmender Mond

Montag 26 DEZEMBER

2. Weihnachtsfeiertag

Einfach zum Nachdenken

Seid niemand irgendetwas schuldig,
als nur einander zu lieben;
denn wer den anderen liebt, hat das Gesetz erfüllt.
Denn die Gebote: »Du sollst nicht ehebrechen,
du sollst nicht töten, du sollst nicht stehlen,
du sollst nicht begehren«
sind in diesem Wort zusammengefasst:
»Du sollst deinen Nächsten lieben wie dich selbst.«

Römerbrief 13, 8–10

Element:
Luft
Tagesqualität:
Licht
Nahrungsqualität:
Fett
Pflanzenteil:
Blüte
Körperzone:
Unterschenkel, Venen
Organsystem:
Drüsensystem

Wassermann
zunehmender Mond

Dienstag

27

DEZEMBER

Element:
Luft
Tagesqualität:
Licht
Nahrungsqualität:
Fett
Pflanzenteil:
Blüte
Körperzone:
Unterschenkel, Venen
Organsystem:
Drüsensystem

Wassermann
zunehmender Mond

Gesund bleiben, gesund werden. Was auch immer du an Wassermann den Unterschenkeln Gutes tust, wirkt doppelt gut! Gleichzeitig ein wenig Gymnastik und Bewegung und die Beine möglichst nicht übereinanderschlagen! Leider ist das eine unsinnige Gewohnheit, bei der sich erst viel später herausstellen wird, dass sie Krampfadern auslöst. Beuge also vor und nutze auf jeden Fall alle Wassermanntage, um dem Problem entgegen zu wirken. Wusstest du, dass Stachelbeeren eine besonders gute Vorbeugung gegen Krampfadern bedeuten? Als Konfitüre stehen sie auch in den Wintermonaten zur Verfügung.

Mittwoch

28

DEZEMBER

Der Mond – dein guter Freund in Haushalt und Alltag. In unseren Büchern und auch an dieser Stelle begegnest du öfter dem Rat, im Garten im Laufe der Zeit mit dem künstlichen Bewässern aufzuhören. Wer zum richtigen Zeitpunkt sät, pflanzt und pflegt, der kann darauf verzichten (mit Ausnahme bei längeren Trockenzeiten von mehr als sechs Wochen). Der Rat gilt nur für den Garten, denn Zimmer- und Balkonpflanzen müssen gegossen werden, auch Kübelpflanzen im Freien. Hier genügt es aber völlig, nur an Blatttagen zu gießen (Krebs, Skorpion, Fische). Nimm dir vor, 2023 diesen Rat zu befolgen, und du sparst viel Zeit und gutes Trinkwasser!

Element:
Wasser
Tagesqualität:
Feuchte
Nahrungsqualität:
Kohlenhydrate
Pflanzenteil:
Blatt
Körperzone:
Füße, Zehen
Organsystem:
Nervensystem

Fische
zunehmender Mond

Element:
Wasser
Tagesqualität:
Feuchte
Nahrungsqualität:
Kohlenhydrate
Pflanzenteil:
Blatt
Körperzone:
Füße, Zehen
Organsystem:
Nervensystem

Donnerstag 29 DEZEMBER

Gesund bleiben, gesund werden. Am Wassertag Fische zur Erinnerung: Das beste Medikament der Welt ist gleichzeitig das billigste – normales Leitungswasser, nicht Mineralwasser. Wir gönnen unserem Körper in den meisten Fällen zu wenig von dieser lebensnotwendigen Medizin. Er kann dann nicht seine Gifttransporte gefahrlos durch Leber, Nieren und Darm schicken und muss einen Teil der Schlacken ablagern – in Gelenken, unter der Haut (als Orangenhaut), als Fettgewebe, als Gallen- und Nierensteine. Unser Rat: Trinke viel Wasser, am meisten zwischen 15 und 19 Uhr. Die beste Medizin!

Fische
zunehmender Mond

Einfach zum Nachdenken

»Je heiliger die Zeit, desto böser die Leut« – ein Sprichwort, das meist nur im vertrauten Kreis zitiert wird, aber durchaus einen Kern Wahrheit enthält. Vielleicht liegt es daran, dass dann die Wahrheit offener zutage tritt – die Wahrheit über die eigene Situation hinter dem schönen Schein. Man fühlt deutlicher den Unterschied zwischen Anspruch und Wirklichkeit. Und so mancher verkraftet das nicht so gut. Obendrein machen Widdertage gereizt und fördern Kopfweh, man schläft schlechter. Lass dich nicht von der Gereiztheit der anderen anstecken – und gehe Streit aus dem Weg.

Freitag 30 DEZEMBER

Element:
Feuer
Tagesqualität:
Wärme
Nahrungsqualität:
Eiweiß, Frucht
Pflanzenteil:
Frucht
Körperzone:
Kopfbereich bis Oberkiefer
Organsystem:
Sinnesorgane

Widder
zunehmender Mond

Samstag

31

DEZEMBER
Silvester

Element:
Feuer
Tagesqualität:
Wärme
Nahrungsqualität:
Eiweiß, Frucht
Pflanzenteil:
Frucht
Körperzone:
Kopfbereich bis Oberkiefer
Organsystem:
Sinnesorgane

Widder
zunehmender Mond

Einfach zum Nachdenken

Die kürzesten Wörter, nämlich »ja« und »nein«,
erfordern das meiste Nachdenken.

Pythagoras von Samos

Sonntag

1

JANUAR
Neujahr

***Wir wünschen dir
alles Liebe und Gute für 2023!***

Möge in Erfüllung gehen,
was du dir für die Zukunft wünschst,
möge kommen,
was du für deinen Weg brauchst.

*Deine Johanna Paungger-Poppe
& Thomas Poppe*

Stier
zunehmender Mond

Element:
Erde
Tagesqualität:
Kälte
Nahrungsqualität:
Salz
Pflanzenteil:
Wurzel
Körperzone:
Unterkiefer, Halsregion
Organsystem:
Kreislauf

Die *Paungger & Poppe*-Service-Seiten

Der Mond im Internet

Wir haben unsere Zelte inzwischen ja auch im Internet aufgeschlagen: **www.paungger-poppe.com** – so lautet die Adresse. Hier findest du Infos zu allen möglichen Dingen, Leseproben, Vortragstermine, und du kannst auch unsere Bücher Kalender und Produkte direkt bestellen und den Alpha-/Omega-Fragebogen und die Gesundheitswochen-Infos direkt herunterladen. Außerdem online: Unser Podcast MOND-TALK. Mondkalender-Wissen und Inspirationen für ein erfülltes Leben – überall abrufbar, wo es Podcasts gibt.

Mondwochen mit Johanna Paungger-Poppe

Es sind jetzt schon über 1000 LeserInnen, die an einer Gesundheitswoche mit Johanna teilgenommen haben, viele davon mehrmals in den Wochen für »Fortgeschrittene«. Für alle war es ein besonderes Erlebnis und für viele sogar ein Wendepunkt im Leben. Weil immer wieder der Wunsch auftaucht, an solchen Wochen auch in Deutschland teilnehmen zu können, sind wir auf der Suche nach einem geeigneten Hotel. Die Küche müsste bio und vegan kochen können und die Sache mit dem Ernährungstyp Alpha und Omega erlernen wollen. Nur so können wir unseren LeserInnen geografisch entgegenkommen. Schreib uns mit deiner Anfrage und eventuell mit Tipps.

Der Alpha-/Omega-Ernährungstyp

Von entscheidender Bedeutung für die Umstellung auf eine gesunde Ernährung ohne Diätstress ist die Kenntnis des eigenen Ernährungstyps. Gesundheit aus eigener Kraft ist erst dann ein mühelos erreichbares Ziel. Unsere Arbeit auf diesem Gebiet trägt inzwischen Früchte, und wir freuen uns täglich über die positiven Zuschriften. Natürlich ist es manchmal schwierig, nach Jahrzehnten der Gewöhnung an bestimmte Nahrungsmittel den Ernährungstyp auf Anhieb zu erkennen. Hier unser Angebot: Auf unserer Website **www.paungger-poppe.com** ermitteln wir für dich den persönlichen Ernährungstyp anhand eines Fragebogens (Menüpunkt »Service«). Du erhältst nach einigen Tagen deine Auswertung und eine genaue Beschreibung des ermittelten Ernährungstyps zum Preis von 18,– € (E-Mail).

E-Mail-Sonderpreis für »Mondjahr«-LeserInnen!
17,– €
Bitte einfach den Gutscheincode eingeben:
AOMondjahr2022

* * *

Dein persönlicher Biorhythmus
Wie wertvoll es ist, den persönlichen Biorhythmus zu kennen, haben wir besonders ausführlich in unserem Buch *Aus eigener Kraft* dargestellt.

Unser Angebot: Wir rechnen deinen persönlichen Biorhythmus (mit integriertem Mondkalender!) für ein ganzes Jahr im Voraus aus. Du erhältst eine ausführliche Anleitung im DIN-A4-Format zum Selbstausdruck. Das kann auch ein wertvolles und wirklich individuelles Geschenk für liebe Mitmenschen sein! Auf unserer Website direkt bestellbar, unter Menüpunkt „Service“ zum Preis von 26,– € (E-Mail).

Sonderpreis für unsere »Mondjahr«-LeserInnen!
24,– €
Bitte einfach den Gutscheincode eingeben:
BRMondjahr2022

Rund um den richtigen Zeitpunkt

Oftmals werden wir gefragt, warum unsere Kalender keine Angaben zum richtigen Zeitpunkt von Geschäftsabschlüssen, Verhandlungen, Liebe nach dem Mond usw. enthalten. Die Antwort fällt nicht schwer: Nichts von dem, was in anderen Mondkalendern auf dem Buchmarkt zusätzlich enthalten ist, wird in irgendeiner Weise vom Mond beeinflusst oder eignet sich zur Aufnahme in einen Kalender. Die Frage, warum sich manch andere Mondkalender von unseren unterscheiden, beantworten wir ausführlich per Brief, wenn du willst. Hier nur so viel: Unsere Kalender sind nicht »unsere« Kalender. Sie werden seit Jahrtausenden so und nicht anders berechnet und verwendet. Andere Kalender sind nicht unbedingt falsch, aber sie sind nicht Grundlage des Wissens gewesen, das wir euch in unseren Büchern nahebringen. Wer sich in der Praxis des Mondwissens auskennt, findet schnell heraus, womit er arbeiten kann und womit eher nicht. Manche Kalenderverfälschung geschieht absichtlich. Im Laufe der Geschichte ist das Mondwissen immer wieder auch deshalb in Vergessenheit geraten, weil ein Naturgesetz an der Arbeit ist, nämlich dass sich Kirchen und Staat stets vor dem mündigen Bürger fürchten. Ein unabhängiger, selbstverantwortlicher Geist ist für jedes Macht- und Ausbeutungsinteresse kein lohnendes Opfer. Wer erkannt hat, dass echtes Glück niemals von Äußerlichkeiten abhängt, entgleitet ihren Fängen. Und Wissen ist für manche die größte Bedrohung. Glücklicherweise leben wir heute in Zeiten mit relativ großer Freiheit, sich korrekt zu informieren, der eigenen Erfahrung zu vertrauen und nach ihr zu handeln. Nutzen wir diese Freiheit!

Mit unserem Mond-Versand immer auf der Höhe!

Wenn du dich generell für unsere Arbeit, für Kalender, Bücher und gute Sachen rund um den richtigen Zeitpunkt interessierst und stets auf dem Laufenden bleiben möchtest, schreib uns und fordere kostenlos unseren kleinen Versandprospekt an. Bei der unten stehenden Adresse kannst du auch alle Serviceleistungen, Alpha-/Omega-Auswertung, Biorhythmus usw. anfordern. Warum gibt es den Mondversand eigentlich, werden wir oft gefragt. »Warum tut ihr euch das auch noch an?«, wollte so manche(r) wohlmeinende(r) LeserIn wissen. Nun, erstens wollen wir zeigen, dass unsere Vorfahren keine Narren waren in ihrer Achtsamkeit auf den Lauf des Mondes und auf die Gesetze, die den »richtigen Zeitpunkt« bestimmen. Die Zukunft zwingt uns, wieder auf natürliche, umweltschonende und damit menschenwürdige Methoden der Herstellung von Gebrauchsgegenständen zurückzugreifen. Wir tun es schon jetzt. Zweitens bemühen wir uns alle gemeinsam, Fairness walten zu lassen – faire Herstellung ohne Ausbeutung von Mensch und Natur, faires Miteinander im Handel. Wir fördern ehrliche Arbeit und altes Handwerk. Immer mehr Menschen sollen verstehen: Durch Spekulation und Ausbeutung verdientes Geld ist menschenunwürdig und im wahrsten Sinne umweltschädlich. Nur echtes Miteinander löst alle Probleme. Das Gegeneinander in der Welt dient bestimmten Interessen. Es sind niemals eure Interessen, liebe LeserInnen! Deshalb ist es uns eine besondere Freude, weiterhin unsere einmalige Kosmetik »vom richtigen Zeitpunkt« anzubieten, unsere echten Lebensmittel und Mond-Tees, die Kräuterkissen, die schönen Dinge aus Mondholz »vom richtigen Zeitpunkt«, die Alpha-/Omega-Pausensnacks für Büro und Schule usw. Wir informieren euch:

Mondversand
Johanna Paungger & Thomas Poppe
Postfach 3
A-5230 Mattighofen
Fax: +43 732 210100159
E-Mail: info@mondversand.at
www.paungger-poppe.com
www.mondversand.at

Liebe Leserinnen und Leser, bitte habt Verständnis, wenn wir es nicht immer schaffen, alle privaten Anfragen zu beantworten. Bis heute können wir diese Arbeit nur persönlich erledigen.

JOHANNA PAUNGGER
THOMAS POPPE
Der lebendige Garten
Gärtnern zum richtigen Zeitpunkt
In Harmonie mit Mond- und Naturrhythmen
GOLDMANN